Voltaire

Traité sur la Tolérance

À l'occasion de la mort de Jean Calas

(1763)

Édition établie et annotée
par Jacques Van den Heuvel

Postface de Philippe Sollers

Gallimard

Ce texte est extrait de *L'Affaire Calas et autres affaires*
(Folio Classique n° 672).

Né à Paris le 21 novembre 1694, François Marie Arouet est le cinquième enfant d'un notaire. Après la mort de sa mère, le jeune Arouet, enfant brillant et éveillé, suit des études chez les jésuites de Louis-le-Grand. Dès 1712, il fréquente les salons littéraires et refuse la carrière juridique que veut lui imposer son père : il veut écrire et rédige quelques couplets sur le Régent qui lui valent d'être éloigné de Paris, puis enfermé un an à la Bastille. Il se fait ensuite remarquer avec une tragédie qui connaît un grand succès, *Œdipe*, en 1718. La même année, il change de nom et devient Voltaire. Il est la coqueluche de la bonne société et la jeune reine, Marie Leszczyńska, lui ouvre les portes de la Cour. Mais il tourne en ridicule le chevalier de Rohan qui le fait bâtonner, embastiller puis exiler en Angleterre... Il y reste quelques années et découvre les charmes du commerce anglais, mais aussi un bouillonnement politique, social et économique. De retour à Paris, il recommence à écrire des comédies et des tragédies, marquées par l'influence de Shakespeare. Il fait la connaissance d'Émilie du Châtelet, une jeune femme libre, philosophe et géomètre. Leur liaison durera quinze ans. En 1733 et 1734, il publie *Lettres sur les Anglais ou Lettres philosophiques* qui provoquent un immense scandale. Il y soutient que la grandeur de l'Angleterre tient au fait que tout le monde y travaille, que rien n'est refusé au talent, que le système parlementaire rend l'arbitraire impossible en partageant le pouvoir entre le souverain et le peuple. Le Parlement condamne cet ouvrage « propre à inspirer le libertinage le plus dangereux pour la religion et l'ordre de la société civile ». Voltaire s'enfuit en Lorraine pour éviter d'être encore une fois emprisonné à la Bastille… À son retour, il se réfugie chez Mme du Châtelet à Cirey, où il mène une existence à la fois mondaine et studieuse. La parution d'un poème plein de verve, *Le Mondain*, le contraint à s'exiler quelque temps en Hollande. À la même époque, il entretient une correspondance nourrie avec Frédéric II de Prusse qu'il ne rencontrera qu'en 1740… Un de ses anciens camarades, le marquis d'Argenson, devient ministre et, profitant également de son amitié avec le duc de Richelieu, Voltaire revient à la Cour : il écrit *La Princesse de Navarre* pour le mariage du Dauphin et, rentré en grâce, il est nommé historiographe du roi en 1745 avant de devenir académicien l'année suivante. Mais sa plume ne peut être muselée et la première version de *Zadig*, parue sous le titre de *Memnon*, l'oblige à nouveau à quitter la Cour. À la mort de Mme du Châtelet, il s'installe à Berlin où il achève *Le Siècle de Louis XIV* et écrit *Micromégas* dont le héros quitte Sirius pour se former l'esprit et le cœur, se rend sur Saturne, puis sur la terre. Il voit ainsi avec des yeux neufs le monde où règnent « les préjugés ». Malheureusement, la tolérance de Frédéric II a des limites et Voltaire doit quitter la Prusse après s'être imprudemment moqué de Maupertuis, le président de l'Académie de Berlin. Interdit de séjour à Paris, il s'installe en Suisse, près de Lausanne, avec sa nièce et maîtresse Mme Denis. En 1758, il achète le château de Ferney où se succèdent artistes, écrivains, comédiens… Son *Poème sur le désastre de Lisbonne* fait éclater son antagonisme avec Jean-Jacques Rousseau. Il rédige de nouveaux contes, comme *Candide*, en 1759, dont les chapitres brefs sont autant d'étapes dans l'apprentissage du jeune et naïf Candide. À la recherche de sa compagne, il trouvera son jardin, modeste réplique du Paradis perdu, comme le rire est le reflet du tragique. En 1762, l'affaire Calas mobilise toute son énergie : à Toulouse, on a retrouvé Marc-Antoine Calas pendu dans son grenier. La rumeur prétend que le jeune homme, protestant, sur le point de se convertir au catholicisme, a été tué par son père Jean Calas. Celui-ci est arrêté et exécuté. Voltaire, convaincu de son innocence, se bat pour faire réviser le procès et réhabiliter Calas. Il rédige alors le *Traité sur la Tolérance* dans lequel il lutte contre l'intolérance au nom de la religion naturelle. Il s'intéresse ensuite à d'autres affaires et met sa plume au service de la justice. Lassée de la vie à Ferney, Mme Denis le convainc de revenir à Paris après la mort de Louis XV : il y retourne triomphalement en 1778, mais le voyage et les honneurs ont raison du vieil homme. Il meurt le 30 mai 1778. Son corps sera déposé au Panthéon en 1791 avec l'épitaphe suivante : « Il combattit les athées et les fanatiques. Il inspira la tolérance, il réclama les droits de l'homme contre la servitude de la féodalité. Poète, historien, philosophe, il agrandit l'esprit humain et lui apprit à être libre. »

Découvrez, lisez ou relisez les livres de Voltaire :

L'AFFAIRE CALAS *et autres affaires* (Folio n° 672)

CANDIDE OU L'OPTIMISME (Folio n° 3889 et Folioplus classiques n° 7)

DICTIONNAIRE PHILOSOPHIQUE (Folio n° 2630)

LETTRES PHILOSOPHIQUES (Folio n° 1703)

MICROMÉGAS — L'INGÉNU (Folio n° 3706)

L'INGÉNU (Folioplus classiques n° 31)

MICROMÉGAS (Folioplus classiques n° 60)

Romans et contes :

 I. ZADIG *et autres contes* (Folio n° 2347)

II. CANDIDE *et autres contes* (Folio n° 2358)

ZADIG OU LA DESTINÉE (Folio n° 3244)

L'AFFAIRE DU CHEVALIER DE LA BARRE (Folio 2 € n° 4848)

LE MONDE COMME IL VA *et autres contes* (Folio 2 € n° 4450)

TRAITÉ
SUR LA TOLÉRANCE
À L'OCCASION DE LA MORT
DE JEAN CALAS [1][*]

(1763)

*. Toutes les notes sont regroupées en fin d'ouvrage, p. 133.

Chapitre premier

Histoire abrégée
de la mort de Jean Calas

Le meurtre de Calas, commis dans Toulouse avec le glaive de la justice, le 9 mars 1762, est un des plus singuliers événements qui méritent l'attention de notre âge et de la postérité. On oublie bientôt cette foule de morts qui a péri dans des batailles sans nombre, non seulement parce que c'est la fatalité inévitable de la guerre, mais parce que ceux qui meurent par le sort des armes pouvaient aussi donner la mort à leurs ennemis, et n'ont point péri sans se défendre. Là où le danger et l'avantage sont égaux, l'étonnement cesse, et la pitié même s'affaiblit ; mais si un père de famille innocent est livré aux mains de l'erreur, ou de la passion, ou du fanatisme ; si l'accusé n'a de défense que sa vertu ; si les arbitres de sa vie n'ont à risquer en l'égorgeant que de se tromper ; s'ils peuvent tuer impunément par un arrêt, alors le cri public s'élève, chacun craint pour soi-même, on voit que personne n'est en sûreté de sa vie devant un tribunal érigé pour veiller sur la vie des citoyens, et toutes les voix se réunissent pour demander vengeance.

Il s'agissait, dans cette étrange affaire, de religion, de suicide, de parricide ; il s'agissait de savoir si un père et une mère avaient étranglé leur fils pour plaire à Dieu, si un frère avait étranglé son frère, si un ami avait

13

étranglé son ami, et si les juges avaient à se reprocher d'avoir fait mourir sur la roue un père innocent, ou d'avoir épargné une mère, un frère, un ami coupables.

Jean Calas, âgé de soixante et huit ans, exerçait la profession de négociant à Toulouse depuis plus de quarante années, et était reconnu de tous ceux qui ont vécu avec lui pour un bon père. Il était protestant, ainsi que sa femme et tous ses enfants, excepté un, qui avait abjuré l'hérésie, et à qui le père faisait une petite pension. Il paraissait si éloigné de cet absurde fanatisme qui rompt tous les liens de la société qu'il approuva la conversion de son fils Louis Calas, et qu'il avait depuis trente ans chez lui une servante zélée catholique, laquelle avait élevé tous ses enfants.

Un des fils de Jean Calas, nommé Marc-Antoine, était un homme de lettres : il passait pour un esprit inquiet, sombre et violent. Ce jeune homme, ne pouvant réussir ni à entrer dans le négoce, auquel il n'était pas propre, ni à être reçu avocat, parce qu'il fallait des certificats de catholicité qu'il ne put obtenir, résolut de finir sa vie, et fit pressentir ce dessein à un de ses amis ; il se confirma dans sa résolution par la lecture de tout ce qu'on a jamais écrit sur le suicide.

Enfin, un jour, ayant perdu son argent au jeu, il choisit ce jour-là pour exécuter son dessein. Un ami de sa famille et le sien, nommé Lavaysse, jeune homme de dix-neuf ans, connu par la candeur et la douceur de ses mœurs, fils d'un avocat célèbre de Toulouse, était arrivé de Bordeaux la veille[2] ; il soupa par hasard chez les Calas. Le père, la mère, Marc-Antoine leur fils aîné, Pierre leur second fils, mangèrent ensemble. Après le souper on se retira dans un petit salon : Marc-Antoine disparut ; enfin, lorsque le jeune Lavaysse voulut partir, Pierre Calas et lui étant descendus trouvèrent en bas, auprès du magasin, Marc-Antoine en chemise, pendu à une porte, et son habit plié sur le comptoir ; sa chemise n'était pas seulement dérangée ; ses cheveux étaient bien peignés : il n'avait sur le corps aucune plaie, aucune meurtrissure[3].

On passe ici tous les détails dont les avocats ont rendu compte : on ne décrira point la douleur et le désespoir du père et de la mère ; leurs cris furent entendus des voisins. Lavaysse et Pierre Calas, hors d'eux-mêmes, coururent chercher des chirurgiens et la justice.

Pendant qu'ils s'acquittaient de ce devoir, pendant que le père et la mère étaient dans les sanglots et dans les larmes, le peuple de Toulouse s'attroupa autour de la maison. Ce peuple est superstitieux et emporté ; il regarde comme des monstres ses frères qui ne sont pas de la même religion que lui. C'est à Toulouse qu'on remercia Dieu solennellement de la mort de Henri III, et qu'on fit serment d'égorger le premier qui parlerait de reconnaître le grand, le bon Henri IV. Cette ville solennise encore tous les ans, par une procession et par des feux de joie, le jour où elle massacra quatre mille citoyens hérétiques, il y a deux siècles. En vain six arrêts du conseil ont défendu cette odieuse fête, les Toulousains l'ont toujours célébrée comme les jeux floraux.

Quelque fanatique de la populace s'écria que Jean Calas avait pendu son propre fils Marc-Antoine. Ce cri, répété, fut unanime en un moment ; d'autres ajoutèrent que le mort devait le lendemain faire abjuration ; que sa famille et le jeune Lavaysse l'avaient étranglé par haine contre la religion catholique : le moment d'après on n'en douta plus ; toute la ville fut persuadée que c'est un point de religion chez les protestants qu'un père et une mère doivent assassiner leur fils dès qu'il veut se convertir.

Les esprits une fois émus ne s'arrêtent point. On imagina que les protestants du Languedoc s'étaient assemblés la veille ; qu'ils avaient choisi, à la pluralité des voix, un bourreau de la secte ; que le choix était tombé sur le jeune Lavaysse ; que ce jeune homme, en vingt-quatre heures, avait reçu la nouvelle de son élection, et était arrivé de Bordeaux pour aider Jean Calas, sa femme et leur fils Pierre, à étrangler un ami, un fils, un frère.

Le sieur David, capitoul de Toulouse, excité par ces rumeurs et voulant se faire valoir par une prompte exécution, fit une procédure contre les règles et les ordonnances. La famille Calas, la servante catholique, Lavaysse, furent mis aux fers.

On publia un monitoire non moins vicieux que la procédure. On alla plus loin : Marc-Antoine Calas était mort calviniste, et s'il avait attenté sur lui-même, il devait être traîné sur la claie ; on l'inhuma avec la plus grande pompe dans l'église Saint-Étienne, malgré le curé, qui protestait contre cette profanation.

Il y a, dans le Languedoc, quatre confréries de pénitents, la blanche, la bleue, la grise, et la noire. Les confrères portent un long capuce, avec un masque de drap percé de deux trous pour laisser la vue libre : ils ont voulu engager M. le duc de Fitz-James, commandant de la province, à entrer dans leur corps, et il les a refusés. Les confrères blancs firent à Marc-Antoine Calas un service solennel, comme à un martyr. Jamais aucune Église ne célébra la fête d'un martyr véritable avec plus de pompe ; mais cette pompe fut terrible. On avait élevé au-dessus d'un magnifique catafalque un squelette qu'on faisait mouvoir, et qui représentait Marc-Antoine Calas, tenant d'une main une palme, et de l'autre la plume dont il devait signer l'abjuration de l'hérésie, et qui écrivait en effet l'arrêt de mort de son père.

Alors il ne manqua plus au malheureux qui avait attenté sur soi-même que la canonisation : tout le peu-

ple le regardait comme un saint ; quelques-uns l'invo-
quaient, d'autres allaient prier sur sa tombe, d'autres
lui demandaient des miracles, d'autres racontaient
ceux qu'il avait faits. Un moine lui arracha quelques
dents pour avoir des reliques durables. Une dévote, un
peu sourde, dit qu'elle avait entendu le son des clo-
ches. Un prêtre apoplectique fut guéri après avoir pris
de l'émétique. On dressa des verbaux de ces prodiges.
Celui qui écrit cette relation possède une attestation
qu'un jeune homme de Toulouse est devenu fou pour
avoir prié plusieurs nuits sur le tombeau du nouveau
saint, et pour n'avoir pu obtenir un miracle qu'il im-
plorait.

Quelques magistrats étaient de la confrérie des pénitents blancs. Dès ce moment la mort de Jean Calas
parut infaillible.

Ce qui surtout prépara son supplice, ce fut l'approche de cette fête singulière que les Toulousains célè-
brent tous les ans en mémoire d'un massacre de quatre
mille huguenots ; l'année 1762[4] était l'année séculaire.
On dressait dans la ville l'appareil de cette solennité :
cela même allumait encore l'imagination échauffée du
peuple ; on disait publiquement que l'échafaud sur
lequel on rouerait les Calas serait le plus grand orne-
ment de la fête ; on disait que la Providence amenait
elle-même ces victimes pour être sacrifiées à notre
sainte religion. Vingt personnes ont entendu ce discours, et de plus violents encore. Et c'est de nos jours !
et c'est dans un temps où la philosophie a fait tant de
progrès ! et c'est lorsque cent académies écrivent pour
inspirer la douceur des mœurs ! Il semble que le fanatisme, indigné depuis peu des succès de la raison, se
débatte sous elle avec plus de rage.

Treize juges s'assemblèrent tous les jours pour termi-
ner le procès. On n'avait, on ne pouvait avoir aucune

preuve contre la famille ; mais la religion trompée tenait lieu de preuve. Six juges persistèrent longtemps à condamner Jean Calas, son fils et Lavaysse à la roue, et la femme de Jean Calas au bûcher. Sept autres plus modérés voulaient au moins qu'on examinât. Les débats furent réitérés et longs. Un des juges, convaincu de l'innocence des accusés et de l'impossibilité du crime, parla vivement en leur faveur ; il opposa le zèle de l'humanité au zèle de la sévérité ; il devint l'avocat public des Calas dans toutes les maisons de Toulouse, où les cris continuels de la religion abusée demandaient le sang de ces infortunés. Un autre juge, connu par sa violence, parlait dans la ville avec autant d'emportement contre les Calas que le premier montrait d'empressement à les défendre. Enfin l'éclat fut si grand qu'ils furent obligés de se récuser l'un et l'autre ; ils se retirèrent à la campagne.

Mais, par un malheur étrange, le juge favorable aux Calas eut la délicatesse de persister dans sa récusation, et l'autre revint donner sa voix contre ceux qu'il ne devait point juger : ce fut cette voix qui forma la condamnation à la roue, car il n'y eut que huit voix contre cinq, un des six juges opposés ayant à la fin, après bien des contestations, passé au parti le plus sévère.

Il semble que, quand il s'agit d'un parricide et de livrer un père de famille au plus affreux supplice, le jugement devrait être unanime, parce que les preuves d'un crime si inouï[5] devraient être d'une évidence sensible à tout le monde : le moindre doute dans un cas pareil doit suffire pour faire trembler un juge qui va signer un arrêt de mort. La faiblesse de notre raison et l'insuffisance de nos lois se font sentir tous les jours ; mais dans quelle occasion en découvre-t-on mieux la misère que quand la prépondérance d'une seule voix fait rouer un citoyen ? Il fallait, dans Athènes, cinquante voix au-delà de la moitié pour oser prononcer un jugement de mort. Qu'en résulte-t-il ? Ce que nous savons très inutilement, que les Grecs étaient plus sages et plus humains que nous.

Il paraissait impossible que Jean Calas, vieillard de soixante-huit ans, qui avait depuis longtemps les jambes enflées et faibles, eût seul étranglé et pendu un fils âgé de vingt-huit ans, qui était d'une force au-dessus de l'ordinaire ; il fallait absolument qu'il eût été assisté dans cette exécution par sa femme, par son fils Pierre Calas, par Lavaysse et par la servante. Ils ne s'étaient pas quittés un seul moment le soir de cette fatale aventure. Mais cette supposition était encore aussi absurde que l'autre : car comment une servante zélée catholique aurait-elle pu souffrir que des huguenots assassinassent un jeune homme élevé par elle pour le punir d'aimer la religion de cette servante ? Comment Lavaysse serait-il venu exprès de Bordeaux pour étrangler son ami dont il ignorait la conversion prétendue ? Comment une mère tendre aurait-elle mis les mains sur son fils ? Comment tous ensemble auraient-ils pu étrangler un jeune homme aussi robuste qu'eux tous, sans un combat long et violent, sans des cris affreux qui auraient appelé tout le voisinage, sans des coups réitérés, sans des meurtrissures, sans des habits déchirés.

Il était évident que, si le parricide avait pu être commis, tous les accusés étaient également coupables parce qu'ils ne s'étaient pas quittés d'un moment ; il était évident qu'ils ne l'étaient pas ; il était évident que le père seul ne pouvait l'être ; et cependant l'arrêt condamna ce père seul à expirer sur la roue.

Le motif de l'arrêt était aussi inconcevable que tout le reste. Les juges qui étaient décidés pour le supplice de Jean Calas persuadèrent aux autres que ce vieillard faible ne pourrait résister aux tourments, et qu'il avoue-rait sous les coups des bourreaux son crime et celui de ses complices. Ils furent confondus, quand ce vieillard, en mourant sur la roue, prit Dieu à témoin de son innocence, et le conjura de pardonner à ses juges.

Ils furent obligés de rendre un second arrêt contra-dictoire avec le premier, d'élargir la mère, son fils Pierre, le jeune Lavaysse et la servante ; mais un des conseillers leur ayant fait sentir que cet arrêt démentait l'autre, qu'ils se condamnaient eux-mêmes, que tous les accusés ayant toujours été ensemble dans le temps qu'on supposait le parricide, l'élargissement de tous les survivants prouvait invinciblement l'innocence du père de famille exécuté, ils prirent alors le parti de bannir Pierre Calas son fils. Ce bannissement semblait aussi inconséquent, aussi absurde que tout le reste : car Pierre Calas était coupable ou innocent du parricide ; s'il était coupable, il fallait le rouer comme son père ; s'il était innocent, il ne fallait pas le bannir. Mais les juges, effrayés du supplice du père et de la piété atten-drissante avec laquelle il était mort, imaginèrent de sauver leur honneur en laissant croire qu'ils faisaient grâce au fils, comme si ce n'eût pas été une préva-rication nouvelle de faire grâce ; et ils crurent que le bannissement de ce jeune homme pauvre et sans appui, étant sans conséquence, n'était pas une grande injustice, après celle qu'ils avaient eu le malheur de commettre.

On commença par menacer Pierre Calas, dans son cachot, de le traiter comme son père s'il n'abjurait pas sa religion. C'est ce que ce jeune homme[6] atteste par serment.

Pierre Calas, en sortant de la ville, rencontra un abbé convertisseur qui le fit rentrer dans Toulouse ; on l'enferma dans un couvent de dominicains, et là on le contraignit à remplir toutes les fonctions de la catholicité : c'était en partie ce qu'on voulait, c'était le prix du sang de son père ; et la religion, qu'on avait cru venger, semblait satisfaite.

On enleva les filles à la mère ; elles furent enfermées dans un couvent. Cette femme, presque arrosée du sang de son mari, ayant tenu son fils aîné mort entre ses bras, voyant l'autre banni, privée de ses filles, dépouillée de tout son bien, était seule dans le monde, sans pain, sans espérance, et mourante de l'excès de son malheur. Quelques personnes, ayant examiné mûrement toutes les circonstances de cette aventure horrible, en furent si frappées qu'elles firent presser la dame Calas, retirée dans une solitude, d'oser venir demander justice au pied du trône. Elle ne pouvait pas alors se soutenir, elle s'éteignait ; et d'ailleurs, étant née Anglaise, transplantée dans une province de France dès son jeune âge, le nom seul de la ville de Paris l'effrayait. Elle s'imaginait que la capitale du royaume devait être encore plus barbare que celle du Languedoc. Enfin le devoir de venger la mémoire de son mari l'emporta sur sa faiblesse. Elle arriva à Paris prête d'expirer. Elle fut étonnée d'y trouver de l'accueil, des secours et des larmes.

La raison l'emporte à Paris sur le fanatisme, quelque grand qu'il puisse être, au lieu qu'en province le fanatisme l'emporte presque toujours sur la raison.

M. de Beaumont, célèbre avocat du parlement de Paris, prit d'abord sa défense, et dressa une consultation qui fut signée de quinze avocats. M. Loiseau, non moins éloquent, composa un mémoire en faveur de la famille. M. Mariette, avocat au conseil, dressa une requête juridique qui portait la conviction dans tous les esprits.

Ces trois généreux défenseurs des lois et de l'innocence abandonnèrent à la veuve le profit des éditions de leurs plaidoyers[7]. Paris et l'Europe entière s'émurent de pitié, et demandèrent justice avec cette femme infortunée. L'arrêt fut prononcé par tout le public longtemps avant qu'il pût être signé par le conseil.

La pitié pénétra jusqu'au ministère, malgré le torrent continuel des affaires, qui souvent exclut la pitié, et malgré l'habitude de voir des malheureux, qui peut endurcir le cœur encore davantage. On rendit les filles à la mère. On les vit toutes les trois, couvertes d'un crêpe et baignées de larmes, en faire répandre à leurs juges.

Cependant cette famille eut encore quelques ennemis, car il s'agissait de religion. Plusieurs personnes, qu'on appelle en France *dévotes*[8], dirent hautement qu'il valait mieux laisser rouer un vieux calviniste innocent que d'exposer huit conseillers de Languedoc à convenir qu'ils s'étaient trompés : on se servit même de cette expression : « Il y a plus de magistrats que de Calas » ; et on inférait de là que la famille Calas devait être immolée à l'honneur de la magistrature. On ne songeait pas que l'honneur des juges consiste, comme celui des autres hommes, à réparer leurs fautes. On ne croit pas en France que le pape, assisté de ses cardinaux, soit infaillible : on pourrait croire de même que huit juges de Toulouse ne le sont pas. Tout le reste des gens sensés et désintéressés disaient que l'arrêt de Toulouse serait cassé dans toute l'Europe, quand même des considérations particulières empêcheraient qu'il fût cassé dans le conseil.

Tel était l'état de cette étonnante aventure, lorsqu'elle a fait naître à des personnes impartiales, mais sensibles, le dessein de présenter au public quelques réflexions sur la tolérance, sur l'indulgence, sur la commisération, que l'abbé Houtteville appelle *dogme monstrueux*, dans sa déclamation ampoulée et erronée sur des faits, et que la raison appelle l'*apanage de la nature.*

Ou les juges de Toulouse, entraînés par le fanatisme de la populace, ont fait rouer un père de famille innocent, ce qui est sans exemple ; ou ce père de famille et sa femme ont étranglé leur fils aîné, aidés dans ce parricide par un autre fils et par un ami, ce qui n'est pas dans la nature. Dans l'un ou dans l'autre cas, l'abus de la religion la plus sainte a produit un grand crime. Il est donc de l'intérêt du genre humain d'examiner si la religion doit être charitable ou barbare.

Chapitre II

Conséquences du supplice de Jean Calas

Si les pénitents blancs furent la cause du supplice d'un innocent, de la ruine totale d'une famille, de sa dispersion et de l'opprobre qui ne devrait être attaché qu'à l'injustice, mais qui l'est au supplice ; si cette précipitation des pénitents blancs à célébrer comme un saint celui qu'on aurait dû traîner sur la claie, suivant nos barbares usages, a fait rouer un père de famille vertueux ; ce malheur doit sans doute les rendre pénitents en effet pour le reste de leur vie ; eux et les juges doivent pleurer, mais non pas avec un long habit blanc et un masque sur le visage qui cacherait leurs larmes.

On respecte toutes les confréries : elles sont édifiantes ; mais quelque grand bien qu'elles puissent faire à l'État, égale-t-il ce mal affreux qu'elles ont causé ? Elles semblent instituées par le zèle qui anime en Languedoc les catholiques contre ceux que nous nommons *huguenots*. On dirait qu'on a fait vœu de haïr ses frères, car nous n'en avons pas assez pour aimer et pour secourir. Et que serait-ce si ces confréries étaient gouvernées par des enthousiastes, comme l'ont été autrefois quelques congrégations des artisans et des *messieurs*[9], chez lesquels on réduisait en art et en système l'habitude d'avoir des visions, comme le dit un de nos plus éloquents et savants magistrats ? Que serait-ce si on établissait dans les confréries ces chambres obscures, appelées *chambres de méditation*, où l'on faisait peindre des diables armés de cornes et de griffes, des gouffres de flammes, des croix et des poignards, avec le saint nom de Jésus au-dessus du tableau ? Quel spectacle pour des yeux déjà fascinés, et pour des imaginations aussi enflammées que soumises à leurs directeurs !

Il y a eu des temps, on ne le sait que trop, où des confréries ont été dangereuses. Les frérots, les flagellants, ont causé des troubles. La Ligue commença par de telles associations. Pourquoi se distinguer ainsi des autres citoyens ? S'en croyait-on plus parfait ? Cela même est une insulte au reste de la nation. Voulait-on que tous les chrétiens entrassent dans la confrérie ? Ce serait un beau spectacle que l'Europe en capuchon et en masque, avec deux petits trous ronds au devant des yeux ! Pense-t-on de bonne foi que Dieu préfère cet accoutrement à un justaucorps ? Il y a bien plus : cet habit est un uniforme de controversistes, qui avertit les adversaires de se mettre sous les armes ; il peut exciter une espèce de guerre civile dans les esprits, et elle finirait peut-être par de funestes excès si le roi et ses ministres n'étaient aussi sages que les fanatiques sont insensés.

On sait assez ce qu'il en a coûté depuis que les chrétiens disputent sur le dogme : le sang a coulé, soit sur les échafauds, soit dans les batailles, dès le IVe siècle jusqu'à nos jours. Bornons-nous ici aux guerres et aux horreurs que les querelles de la réforme ont excitées, et voyons quelle en a été la source en France. Peut-être un tableau raccourci et fidèle de tant de calamités ouvrira les yeux de quelques personnes peu instruites, et touchera des cœurs bien faits.

Chapitre III

Idée de la Réforme du XVIe siècle

Lorsque à la renaissance des lettres les esprits commencèrent à s'éclairer, on se plaignit généralement des abus ; tout le monde avoue que cette plainte était légitime.

Le pape Alexandre VI avait acheté publiquement la tiare, et ses cinq bâtards en partageaient les avantages. Son fils, le cardinal duc de Borgia, fit périr, de concert avec le pape son père, les Vitelli, les Urbino, les Gravina, les Oliveretto, et cent autres seigneurs, pour ravir leurs domaines. Jules II, animé du même esprit, excommunia Louis XII, donna son royaume au premier occupant ; et lui-même, le casque en tête et la cuirasse sur le dos, mit à feu et à sang une partie de l'Italie. Léon X, pour payer ses plaisirs, trafiqua des indulgences comme on vend des denrées dans un marché public. Ceux qui s'élevèrent contre tant de brigandages n'avaient du moins aucun tort dans la morale. Voyons s'ils en avaient contre nous dans la politique.

Ils disaient que Jésus-Christ n'ayant jamais exigé d'annates ni de réserves, ni vendu des dispenses pour ce monde et des indulgences pour l'autre, on pouvait se dispenser de payer à un prince étranger le prix de toutes ces choses. Quand les annates, les procès en cour de Rome, et les dispenses qui subsistent encore aujourd'hui, ne nous coûteraient que cinq cent mille francs par an, il est clair que nous avons payé depuis François Ier, en deux cent cinquante années, cent vingt-cinq millions ; et en évaluant les différents prix du marc d'argent, cette somme en compose une d'environ deux cent cinquante millions d'aujourd'hui. On peut donc convenir sans blasphème que les hérétiques, en proposant l'abolition de ces impôts singuliers dont la postérité s'étonnera, ne faisaient pas en cela un grand mal au royaume, et qu'ils étaient plutôt bons calculateurs que mauvais sujets. Ajoutons qu'ils étaient les seuls qui sussent la langue grecque, et qui connussent l'antiquité. Ne dissimulons point que malgré leurs erreurs, nous leur devons le développement de l'esprit humain, longtemps enseveli dans la plus épaisse barbarie.

Mais comme ils niaient le purgatoire, dont on ne doit pas douter, et qui d'ailleurs rapportait beaucoup aux moines ; comme ils ne révéraient pas des reliques qu'on doit révérer, mais qui rapportaient encore davantage ; enfin comme ils attaquaient des dogmes très respectés[10], on ne leur répondit d'abord qu'en les faisant brûler. Le roi, qui les protégeait et les soudoyait en Allemagne, marcha dans Paris à la tête d'une procession après laquelle on exécuta plusieurs de ces malheureux ; et voici quelle fut cette exécution. On les suspendait au bout d'une longue poutre qui jouait en bascule sur un arbre debout ; un grand feu était allumé sous eux, on les y plongeait, et on les relevait alternativement : ils éprouvaient les tourments et la mort par degrés, jusqu'à ce qu'ils expirassent par le plus long et le plus affreux supplice que jamais ait inventé la barbarie.

Peu de temps avant la mort de François Ier, quelques membres du parlement de Provence, animés par des ecclésiastiques contre les habitants de Mérindol et de Cabrières, demandèrent au roi des troupes pour appuyer l'exécution de dix-neuf personnes de ce pays condamnées par eux ; ils en firent égorger six mille, sans pardonner ni au sexe, ni à la vieillesse, ni à l'enfance ; ils réduisirent trente bourgs en cendres. Ces peuples, jusqu'alors inconnus, avaient tort, sans doute, d'être nés vaudois ; c'était leur seule iniquité. Ils étaient établis depuis trois cents ans dans des déserts et sur des montagnes qu'ils avaient rendus fertiles par un travail incroyable. Leur vie pastorale et tranquille retraçait l'innocence attribuée aux premiers âges du monde. Les villes voisines n'étaient connues d'eux que par le trafic des fruits qu'ils allaient vendre, ils ignoraient les procès et la guerre ; ils ne se défendirent pas : on les égorgea comme des animaux fugitifs qu'on tue dans une enceinte [11].

Après la mort de François Ier, prince plus connu cependant par ses galanteries et par ses malheurs que par ses cruautés, le supplice de mille hérétiques, surtout celui du conseiller au parlement Dubourg, et enfin le massacre de Vassy, armèrent les persécutés, dont la secte s'était multipliée à la lueur des bûchers et sous le fer des bourreaux ; la rage succéda à la patience ; ils imitèrent les cruautés de leurs ennemis : neuf guerres civiles remplirent la France de carnage ; une paix plus funeste que la guerre produisit la Saint-Barthélemy, dont il n'y avait aucun exemple dans les annales des crimes.

La Ligue assassina Henri III et Henri IV, par les mains d'un jacobin et d'un monstre qui avait été frère feuillant. Il y a des gens qui prétendent que l'humanité, l'indulgence, et la liberté de conscience, sont des choses horribles ; mais, en bonne foi, auraient-elles produit des calamités comparables ?

Chapitre IV

Si la tolérance est dangereuse,
et chez quels peuples elle est permise

Quelques-uns ont dit que si l'on usait d'une indulgence paternelle envers nos frères errants qui prient Dieu en mauvais français, ce serait leur mettre les armes à la main ; qu'on verrait de nouvelles batailles de Jarnac, de Moncontour, de Coutras, de Dreux, de Saint-Denis, etc. : c'est ce que j'ignore, parce que je ne suis pas un prophète ; mais il me semble que ce n'est pas raisonner conséquemment que de dire : « Ces hommes se sont soulevés quand je leur ai fait du mal : donc ils se soulèveront quand je leur ferai du bien. »

J'oserais prendre la liberté d'inviter ceux qui sont à la tête du gouvernement, et ceux qui sont destinés aux grandes places, à vouloir bien examiner mûrement si l'on doit craindre en effet que la douceur produise les mêmes révoltes que la cruauté a fait naître ; si ce qui est arrivé dans certaines circonstances doit arriver dans d'autres ; si les temps, l'opinion, les mœurs, sont toujours les mêmes.

Les huguenots, sans doute, ont été enivrés de fanatisme et souillés de sang comme nous ; mais la génération présente est-elle aussi barbare que leurs pères ? Le temps, la raison qui fait tant de progrès, les bons livres, la douceur de la société, n'ont-ils point pénétré chez ceux qui conduisent l'esprit de ces peuples ? et ne nous apercevons-nous pas que presque toute l'Europe a changé de face depuis environ cinquante années ?

Le gouvernement s'est fortifié partout, tandis que les mœurs se sont adoucies. La police générale, soutenue d'armées nombreuses toujours existantes, ne permet pas d'ailleurs de craindre le retour de ces temps anarchiques, où des paysans calvinistes combattaient des paysans catholiques enrégimentés à la hâte entre les semailles et les moissons.

D'autres temps, d'autres soins. Il serait absurde de décimer aujourd'hui la Sorbonne parce qu'elle présenta requête autrefois pour faire brûler la Pucelle d'Orléans ; parce qu'elle déclara Henri III déchu du droit de régner, qu'elle l'excommunia, qu'elle proscrivit le grand Henri IV. On ne recherchera pas sans doute les autres corps du royaume, qui commirent les mêmes excès dans ces temps de frénésie : cela serait non seulement injuste, mais il y aurait autant de folie qu'à purger tous les habitants de Marseille parce qu'ils ont eu la peste en 1720.

Irons-nous saccager Rome, comme firent les troupes de Charles Quint, parce que Sixte Quint, en 1585, accorda neuf ans d'indulgence à tous les Français qui prendraient les armes contre leur souverain ? Et n'est-ce pas assez d'empêcher Rome de se porter jamais à des excès semblables ?

La fureur qu'inspirent l'esprit dogmatique et l'abus de la religion chrétienne mal entendue a répandu autant de sang, a produit autant de désastres, en Allemagne, en Angleterre, et même en Hollande, qu'en France : cependant aujourd'hui la différence des religions ne cause aucun trouble dans ces États ; le juif, le catholique, le grec, le luthérien, le calviniste, l'anabaptiste, le socinien, le mennonite, le morave, et tant d'autres, vivent en frères dans ces contrées, et contribuent également au bien de la société.

On ne craint plus en Hollande que les disputes d'un Gomar[12] sur la prédestination fassent trancher la tête au grand pensionnaire. On ne craint plus à Londres que les querelles des presbytériens et des épiscopaux, pour une liturgie et pour un surplis, répandent le sang d'un roi sur un échafaud. L'Irlande peuplée et enrichie ne verra plus ses citoyens catholiques sacrifier à Dieu pendant deux mois ses citoyens protestants, les enterrer vivants, suspendre les mères à des gibets, attacher les filles au cou de leurs mères, et les voir expirer ensemble ; ouvrir le ventre des femmes enceintes, en tirer les enfants à demi formés, et les donner à manger aux porcs et aux chiens ; mettre un poignard dans la main de leurs prisonniers garrottés, et conduire leurs bras dans le sein de leurs femmes, de leurs pères, de leurs mères, de leurs filles, s'imaginant en faire mutuellement des parricides, et les damner tous en les exterminant tous. C'est ce que rapporte Rapin-Thoiras, officier en Irlande, presque contemporain ; c'est ce que rapportent toutes les annales, toutes les histoires d'Angleterre, et ce qui sans doute ne sera jamais imité. La philosophie, la seule philosophie, cette sœur de la religion, a désarmé des mains que la superstition avait si longtemps ensanglantées ; et l'esprit humain, au réveil de son ivresse, s'est étonné des excès où l'avait emporté le fanatisme.

Nous-mêmes, nous avons en France une province opulente où le luthéranisme l'emporte sur le catholicisme. L'université d'Alsace est entre les mains des luthériens ; ils occupent une partie des charges municipales : jamais la moindre querelle religieuse n'a dérangé le repos de cette province depuis qu'elle appartient à nos rois. Pourquoi ? C'est qu'on n'y a persécuté personne. Ne cherchez point à gêner les cœurs, et tous les cœurs seront à vous.

Je ne dis pas que tous ceux qui ne sont point de la religion du prince doivent partager les places et les honneurs de ceux qui sont de la religion dominante. En Angleterre, les catholiques, regardés comme attachés au parti du prétendant, ne peuvent parvenir aux emplois : ils payent même double taxe ; mais ils jouissent d'ailleurs de tous les droits des citoyens.

On a soupçonné quelques évêques français de penser qu'il n'est ni de leur honneur ni de leur intérêt d'avoir dans leur diocèse des calvinistes, et que c'est là le plus grand obstacle à la tolérance ; je ne le puis croire. Le corps des évêques, en France, est composé de gens de qualité qui pensent et qui agissent avec une noblesse digne de leur naissance ; ils sont charitables et généreux, c'est une justice qu'on leur rendra ; ils doivent penser que certainement leurs diocésains fugitifs ne se convertiront pas dans les pays étrangers, et que, retournés auprès de leurs pasteurs, ils pourraient être éclairés par leurs instructions et touchés par leurs exemples : il y aurait de l'honneur à les convertir, le temporel n'y perdrait pas, et plus il y aurait de citoyens, plus les terres des prélats rapporteraient.

Un évêque de Varmie, en Pologne, avait un anabaptiste pour fermier, et un socinien pour receveur ; on lui proposa de chasser et de poursuivre l'un, parce qu'il ne croyait pas la consubstantialité, et l'autre, parce qu'il ne baptisait son fils qu'à quinze ans ; il répondit qu'ils seraient éternellement damnés dans l'autre monde, mais que, dans ce monde-ci, ils lui étaient très nécessaires.

Sortons de notre petite sphère, et examinons le reste de notre globe. Le Grand Seigneur gouverne en paix vingt peuples de différentes religions ; deux cent mille

Grecs vivent avec sécurité dans Constantinople ; le muphti même nomme et présente à l'empereur le patriarche grec ; on y souffre un patriarche latin. Le sultan nomme des évêques latins pour quelques îles de la Grèce[13], et voici la formule dont il se sert : « Je lui commande d'aller résider évêque dans l'île de Chio, selon leur ancienne coutume et leurs vaines cérémonies. » Cet empire est rempli de jacobites, de nestoriens, de monothélites ; il y a des cophtes, des chrétiens de Saint-Jean, des juifs, des guèbres, des banians. Les annales turques ne font mention d'aucune révolte excitée par aucune de ces religions.

Allez dans l'Inde, dans la Perse, dans la Tartarie, vous y verrez la même tolérance et la même tranquillité. Pierre le Grand a favorisé tous les cultes dans son vaste empire ; le commerce et l'agriculture y ont gagné, et le corps politique n'en a jamais souffert.

Le gouvernement de la Chine n'a jamais adopté, depuis plus de quatre mille ans qu'il est connu, que le culte des noachides, l'adoration simple d'un seul Dieu : cependant il tolère les superstitions de Fô, et une multitude de bonzes qui serait dangereuse si la sagesse des tribunaux ne les avait pas toujours contenus.

Il est vrai que le grand empereur Young-tching, le plus sage et le plus magnanime peut-être qu'ait eu la Chine, a chassé les jésuites ; mais ce n'était pas parce qu'il était intolérant, c'était, au contraire, parce que les jésuites l'étaient. Ils rapportent eux-mêmes, dans leurs *Lettres curieuses*, les paroles que leur dit ce bon prince : « Je sais que votre religion est intolérante ; je sais ce que vous avez fait aux Manilles et au Japon ; vous avez trompé mon père, n'espérez pas me tromper moi-même. » Qu'on lise tout le discours qu'il daigna leur tenir, on le trouvera le plus sage et le plus clément des hommes. Pouvait-il, en effet, retenir des physiciens

d'Europe qui, sous le prétexte de montrer des thermo-
mètres et des éolipyles à la cour, avaient soulevé déjà
un prince du sang ? Et qu'aurait dit cet empereur, s'il
avait lu nos histoires, s'il avait connu nos temps de la
Ligue et de la conspiration des poudres ?

C'en était assez pour lui d'être informé des querelles
indécentes des jésuites, des dominicains, des capu-
cins, des prêtres séculiers, envoyés du bout du monde
dans ses États : ils venaient prêcher la vérité, et ils
s'anathématisaient les uns les autres. L'empereur ne fit
donc que renvoyer des perturbateurs étrangers ; mais
avec quelle bonté les renvoya-t-il ! Quels soins paternels
n'eut-il pas d'eux pour leur voyage et pour empêcher
qu'on ne les insultât sur la route ! Leur bannissement
même fut un exemple de tolérance et d'humanité.

Les Japonais[14] étaient les plus tolérants de tous les
hommes : douze religions paisibles étaient établies
dans leur empire ; les jésuites vinrent faire la treizième,
mais bientôt, n'en voulant pas souffrir d'autres, on sait
ce qui en résulta : une guerre civile, non moins affreuse que celle de la Ligue, désola ce pays. La religion
chrétienne fut noyée enfin dans des flots de sang ; les
Japonais fermèrent leur empire au reste du monde, et
ne nous regardèrent que comme des bêtes farouches,
semblables à celles dont les Anglais ont purgé leur île.
C'est en vain que le ministre Colbert sentant le besoin
que nous avions des Japonais, qui n'ont nul besoin de
nous, tenta d'établir un commerce avec leur empire : il
les trouva inflexibles.

Ainsi donc notre continent entier nous prouve qu'il
ne faut ni annoncer ni exercer l'intolérance.

Jetez les yeux sur l'autre hémisphère ; voyez la Caro-
line, dont le sage Locke fut le législateur : il suffit de
sept pères de famille pour établir un culte public ap-
prouvé par la loi ; cette liberté n'a fait naître aucun

désordre. Dieu nous préserve de citer cet exemple pour engager la France à l'imiter ! on ne le rapporte que pour faire voir que l'excès le plus grand où puisse aller la tolérance n'a pas été suivi de la plus légère dissension ; mais ce qui est très utile et très bon dans une colonie naissante n'est pas convenable dans un ancien royaume.

Que dirons-nous des primitifs, que l'on a nommés *quakers* par dérision, et qui, avec des usages peut-être ridicules, ont été si vertueux et ont enseigné inutilement la paix au reste des hommes ? Ils sont en Pennsylvanie au nombre de cent mille ; la discorde, la controverse, sont ignorées dans l'heureuse patrie qu'ils se sont faite, et le nom seul de leur ville de Philadelphie, qui leur rappelle à tout moment que les hommes sont frères, est l'exemple et la honte des peuples qui ne connaissent pas encore la tolérance.

Enfin cette tolérance n'a jamais excité de guerre civile ; l'intolérance a couvert la terre de carnage. Qu'on juge maintenant entre ces deux rivales, entre la mère qui veut qu'on égorge son fils et la mère qui le cède pourvu qu'il vive !

Je ne parle ici que de l'intérêt des nations ; et en respectant, comme je le dois, la théologie, je n'envisage dans cet article que le bien physique et moral de la société. Je supplie tout lecteur impartial de peser ces vérités, de les rectifier, et de les étendre. Des lecteurs attentifs, qui se communiquent leurs pensées, vont toujours plus loin que l'auteur[15].

Chapitre V
Comment la tolérance peut être admise

J'ose supposer qu'un ministre éclairé et magnanime, un prélat humain et sage, un prince qui sait que son intérêt consiste dans le grand nombre de ses sujets, et sa gloire dans leur bonheur, daigne jeter les yeux sur cet écrit informe et défectueux ; il y supplée par ses propres lumières ; il se dit à lui-même : Que risquerai-je à voir la terre cultivée et ornée par plus de mains laborieuses, les tributs augmentés, l'État plus florissant ?

L'Allemagne serait un désert couvert des ossements des catholiques, évangéliques, réformés, anabaptistes, égorgés les uns par les autres, si la paix de Westphalie n'avait pas procuré enfin la liberté de conscience.

Nous avons des juifs à Bordeaux, à Metz, en Alsace ; nous avons des luthériens, des molinistes, des jansénistes : ne pouvons-nous pas souffrir et contenir des calvinistes à peu près aux mêmes conditions que les catholiques sont tolérés à Londres ? Plus il y a de sectes, moins chacune est dangereuse ; la multiplicité les affaiblit, toutes sont réprimées par de justes lois qui défendent les assemblées tumultueuses, les injures, les séditions, et qui sont toujours en vigueur par la force coactive.

Nous savons que plusieurs chefs de famille, qui ont élevé de grandes fortunes dans les pays étrangers, sont

36

prêts à retourner dans leur patrie ; ils ne demandent que la protection de la loi naturelle, la validité de leurs mariages, la certitude de l'état de leurs enfants, le droit d'hériter de leurs pères, la franchise de leurs personnes ; point de temples publics, point de droit aux charges municipales, aux dignités : les catholiques n'en ont ni à Londres ni en plusieurs autres pays. Il ne s'agit plus de donner des privilèges immenses, des places de sûreté à une faction, mais de laisser vivre un peuple paisible, d'adoucir des édits autrefois peut-être nécessaires, et qui ne le sont plus. Ce n'est pas à nous d'indiquer au ministère ce qu'il peut faire ; il suffit de l'implorer pour des infortunés.

Que de moyens de les rendre utiles, et d'empêcher qu'ils ne soient jamais dangereux ! La prudence du ministère et du conseil, appuyée de la force, trouvera bien aisément ces moyens, que tant d'autres nations emploient si heureusement.

Il y a des fanatiques encore dans la populace calviniste ; mais il est constant qu'il y en a davantage dans la populace convulsionnaire. La lie des insensés de Saint-Médard est comptée pour rien dans la nation, celle des prophètes calvinistes est anéantie. Le grand moyen de diminuer le nombre des maniaques, s'il en reste, est d'abandonner cette maladie de l'esprit au régime de la raison, qui éclaire lentement, mais infailliblement, les hommes. Cette raison est douce, elle est humaine, elle inspire l'indulgence, elle étouffe la discorde, elle affermit la vertu, elle rend aimable l'obéissance aux lois, plus encore que la force ne les maintient. Et comptera-t-on pour rien le ridicule attaché aujourd'hui à l'enthousiasme par tous les honnêtes gens ? Ce ridicule est une puissante barrière contre les extravagances de tous les sectaires. Les temps passés sont comme s'ils n'avaient jamais été. Il faut toujours partir du point où l'on est, et de celui où les nations sont parvenues.

Il a été un temps où l'on se crut obligé de rendre des arrêts contre ceux qui enseignaient une doctrine contraire aux catégories d'Aristote, à l'horreur du vide, aux quiddités, et à l'universel de la part de la chose. Nous avons en Europe plus de cent volumes de jurisprudence sur la sorcellerie, et sur la manière de distinguer les faux sorciers des véritables. L'excommunication des sauterelles et des insectes nuisibles aux moissons a été très en usage et subsiste encore dans plusieurs rituels. L'usage est passé ; on laisse en paix Aristote, les sorciers et les sauterelles. Les exemples de ces graves démences, autrefois si importantes, sont innombrables : il en revient d'autres de temps en temps ; mais quand elles ont fait leur effet, quand on en est rassasié, elles s'anéantissent. Si quelqu'un s'avisait aujourd'hui d'être carpocratien, ou eutychéen, ou monothélite, monophysite, nestorien, manichéen, etc., qu'arriverait-il ? On en rirait, comme d'un homme habillé à l'antique, avec une fraise et un pourpoint.

La nation commençait à entrouvrir les yeux lorsque les jésuites Le Tellier et Doucin fabriquèrent la bulle *Unigenitus,* qu'ils envoyèrent à Rome : ils crurent être encore dans ces temps d'ignorance où les peuples adoptaient sans examen les assertions les plus absurdes. Ils osèrent proscrire cette proposition, qui est d'une vérité universelle dans tous les cas et dans tous les temps : « La crainte d'une excommunication injuste ne doit point empêcher de faire son devoir. » C'était proscrire la raison, les libertés de l'Église gallicane, et le fondement de la morale ; c'était dire aux hommes : Dieu vous ordonne de ne jamais faire votre devoir, dès que vous craindrez l'injustice. On n'a jamais heurté le sens commun plus effrontément. Les consulteurs de Rome n'y prirent pas garde. On persuada à la cour de Rome que cette bulle était nécessaire, et que la nation la désirait ; elle fut signée, scellée, et envoyée : on en sait les suites ; certainement, si on les avait prévues, on aurait mitigé la bulle. Les querelles ont été vives ; la prudence et la bonté du roi les ont enfin apaisées.

Il en est de même dans une grande partie des points qui divisent les protestants et nous ; il y en a quelques-uns qui ne sont d'aucune conséquence ; il y en a d'autres plus graves, mais sur lesquels la fureur de la dispute est tellement amortie que les protestants eux-mêmes ne prêchent aujourd'hui la controverse en aucune de leurs églises.

C'est donc ce temps de dégoût, de satiété, ou plutôt de raison, qu'on peut saisir comme une époque et un gage de tranquillité publique. La controverse est une maladie épidémique qui est sur sa fin, et cette peste, dont on est guéri, ne demande plus qu'un régime doux. Enfin l'intérêt de l'État est que des fils expatriés reviennent avec modestie dans la maison de leur père : l'humanité le demande, la raison le conseille, et la politique ne peut s'en effrayer.

Chapitre VI

Si l'intolérance est de droit naturel
et de droit humain

Le droit naturel est celui que la nature indique à tous les hommes. Vous avez élevé votre enfant, il vous doit du respect comme à son père, de la reconnaissance comme à son bienfaiteur. Vous avez droit aux productions de la terre que vous avez cultivée par vos mains. Vous avez donné et reçu une promesse, elle doit être tenue.

Le droit humain ne peut être fondé en aucun cas que sur ce droit de nature ; et le grand principe, le principe universel de l'un et de l'autre, est, dans toute la terre : « Ne fais pas ce que tu ne voudrais pas qu'on te fît. » Or on ne voit pas comment, suivant ce principe, un homme pourrait dire à un autre : « Crois ce que je crois, et ce que tu ne peux croire, ou tu périras. » C'est ce qu'on dit en Portugal, en Espagne, à Goa. On se contente à présent, dans quelques autres pays, de dire : « Crois, ou je t'abhorre ; crois, ou je te ferai tout le mal que je pourrai ; monstre, tu n'as pas ma religion, tu n'as donc point de religion : il faut que tu sois en horreur à tes voisins, à ta ville, à ta province. »

S'il était de droit humain de se conduire ainsi, il faudrait donc que le Japonais détestât le Chinois, qui aurait en exécration le Siamois ; celui-ci poursuivrait les Gangarides, qui tomberaient sur les habitants de l'Indus ; un Mogol arracherait le cœur au premier Malabare qu'il trouverait ; le Malabare pourrait égorger le Persan, qui pourrait massacrer le Turc : et tous ensemble se jetteraient sur les chrétiens, qui se sont si longtemps dévorés les uns les autres.

Le droit de l'intolérance est donc absurde et barbare : c'est le droit des tigres, et il est bien horrible, car les tigres ne déchirent que pour manger, et nous nous sommes exterminés pour des paragraphes.

Chapitre VII

Si l'intolérance a été connue des Grecs

Les peuples dont l'histoire nous a donné quelques faibles connaissances ont tous regardé leurs différentes religions comme des nœuds qui les unissaient tous ensemble : c'était une association entre les dieux comme entre les hommes. Un étranger arrivait-il dans une ville, il commençait par adorer les dieux du pays. On ne manquait jamais de vénérer les dieux même de ses ennemis. Les Troyens adressaient des prières aux dieux qui combattaient pour les Grecs.

Alexandre alla consulter dans les déserts de Libye le dieu Ammon, auquel les Grecs donnèrent le nom de *Zeus*, et les Latins, de *Jupiter*, quoique les uns et les autres eussent leur *Jupiter* et leur *Zeus* chez eux. Lorsqu'on assiégeait une ville, on faisait un sacrifice et des prières aux dieux de la ville pour se les rendre favorables. Ainsi, au milieu même de la guerre, la religion réunissait les hommes, et adoucissait quelquefois leurs fureurs, si quelquefois elle leur commandait des actions inhumaines et horribles.

Je peux me tromper ; mais il me paraît que de tous les anciens peuples policés, aucun n'a gêné la liberté de penser. Tous avaient une religion ; mais il me semble qu'ils en usaient avec les hommes comme avec leurs dieux : ils reconnaissaient tous un dieu suprême, mais ils lui associaient une quantité prodigieuse de divinités inférieures ; ils n'avaient qu'un culte, mais ils permettaient une foule de systèmes particuliers.

Les Grecs, par exemple, quelque religieux qu'ils fussent, trouvaient bon que les épicuriens niassent la Providence et l'existence de l'âme. Je ne parle pas des autres sectes, qui toutes blessaient les idées saines qu'on doit avoir de l'Être créateur, et qui toutes étaient tolérées.

Socrate, qui approcha le plus près de la connaissance du Créateur, en porta, dit-on, la peine, et mourut martyr de la Divinité ; c'est le seul que les Grecs aient fait mourir pour ses opinions. Si ce fut en effet la cause de sa condamnation, cela n'est pas à l'honneur de l'intolérance, puisqu'on ne punit que celui qui seul rendit gloire à Dieu, et qu'on honora tous ceux qui donnaient de la Divinité les notions les plus indignes. Les ennemis de la tolérance ne doivent pas, à mon avis, se prévaloir de l'exemple odieux des juges de Socrate.

Il est évident d'ailleurs qu'il fut la victime d'un parti furieux animé contre lui. Il s'était fait des ennemis irréconciliables des sophistes, des orateurs, des poètes, qui enseignaient dans les écoles, et même de tous les précepteurs qui avaient soin des enfants de distinction. Il avoue lui-même, dans son discours rapporté par Platon, qu'il allait de maison en maison prouver à ces précepteurs qu'ils n'étaient que des ignorants. Cette conduite n'était pas digne de celui qu'un oracle avait déclaré le plus sage des hommes. On déchaîna contre lui un prêtre et un conseiller des cinq-cents, qui l'accusèrent ; j'avoue que je ne sais pas précisément de quoi, je ne vois que du vague dans son *Apologie* ; on lui fait dire en général qu'on lui imputait d'inspirer aux jeunes gens des maximes contre la religion et le gouvernement. C'est ainsi qu'en usent tous les jours les calomniateurs dans le monde ; mais il faut dans un tribunal des faits avérés, des chefs d'accusation précis et circonstanciés ; c'est ce que le procès de Socrate ne nous fournit point ; nous savons seulement qu'il eut d'abord deux cent vingt voix pour lui. Le tribunal des cinq-cents possédait donc deux cent vingt philosophes : c'est beaucoup ; je doute qu'on les trouvât ailleurs. Enfin la pluralité fut pour la ciguë ; mais aussi songeons que les Athéniens, revenus à eux-mêmes, eurent les accusateurs et les juges en horreur ; que Mélitos, le principal auteur de cet arrêt, fut condamné à mort pour cette injustice ; que les autres furent bannis, et qu'on éleva un temple à Socrate. Jamais la philosophie ne fut si bien vengée ni tant honorée. L'exemple de Socrate est au fond le plus terrible argument qu'on puisse alléguer contre l'intolérance. Les Athéniens avaient un autel dédié aux dieux étrangers, aux dieux qu'ils ne pouvaient connaître. Y a-t-il une plus forte preuve non seulement d'indulgence pour toutes les nations, mais encore de respect pour leurs cultes ?

Un honnête homme, qui n'est ennemi ni de la raison, ni de la littérature, ni de la probité, ni de la patrie, en justifiant depuis peu la Saint-Barthélemy, cite la guerre des Phocéens, nommée *la guerre sacrée*, comme si cette guerre avait été allumée pour le culte, pour le dogme, pour des arguments de théologie ; il s'agissait de savoir à qui appartiendrait un champ : c'est le sujet de toutes les guerres. Des gerbes de blé ne sont pas un symbole de croyance ; jamais aucune ville grecque ne combattit pour des opinions. D'ailleurs, que prétend cet homme modeste et doux ? Veut-il que nous fassions une guerre sacrée ?

Chapitre VIII

Si les Romains ont été tolérants

Chez les anciens Romains, depuis Romulus jusqu'aux temps où les chrétiens disputèrent avec les prêtres de l'empire, vous ne voyez pas un seul homme persécuté pour ses sentiments. Cicéron douta de tout, Lucrèce nia tout ; et on ne leur en fit pas le plus léger reproche. La licence même alla si loin que Pline le naturaliste commence son livre par nier un Dieu, et par dire qu'il en est un, c'est le soleil. Cicéron dit, en parlant des enfers : « *Non est anus tam excors quae credat* ; il n'y a pas même de vieille imbécile pour les croire[16]. » Juvénal dit : « *Nec pueri credunt* (satire II, vers 152) ; les enfants n'en croient rien. » On chantait sur le théâtre de Rome :

> *Post mortem nihil est, ipsaque mors nihil.*
> (SÉNÈQUE, *Troade* ; chœur à la fin du second acte.)
> Rien n'est après la mort, la mort même n'est rien.

Abhorrons ces maximes, et, tout au plus, pardonnons-les à un peuple que les évangiles n'éclairaient pas ; elles sont fausses, elles sont impies ; mais concluons que les Romains étaient très tolérants, puisqu'elles n'excitèrent jamais le moindre murmure.

Le grand principe du sénat et du peuple romain était : « *Deorum offensae diis curae* ; c'est aux dieux seuls à se soucier des offenses faites aux dieux. » Ce peuple-roi ne songeait qu'à conquérir, à gouverner et à poli-cer l'univers. Ils ont été nos législateurs, comme nos vainqueurs ; et jamais César, qui nous donna des fers, des lois, et des jeux, ne voulut nous forcer à quitter nos druides pour lui, tout grand pontife qu'il était d'une nation notre souveraine.

Les Romains ne professaient pas tous les cultes, ils ne donnaient pas à tous la sanction publique ; mais ils les permirent tous. Ils n'eurent aucun objet matériel de culte sous Numa, point de simulacres, point de statues ; bientôt ils en élevèrent aux dieux *majorum gentium*, que les Grecs leur firent connaître. La loi des douze tables, *Deos peregrinos ne colunto*, se réduisit à n'accorder le culte public qu'aux divinités supérieures approuvées par le sénat. Isis eut un temple dans Rome, jusqu'au temps où Tibère le démolit, lorsque les prê-tres de ce temple, corrompus par l'argent de Mundus, le firent coucher dans le temple, sous le nom du dieu Anubis, avec une femme nommée Pauline. Il est vrai que Josèphe est le seul qui rapporte cette histoire ; il n'était pas contemporain, il était crédule et exagéra-teur. Il y a peu d'apparence que, dans un temps aussi éclairé que celui de Tibère, une dame de la première condition eût été assez imbécile pour croire avoir les faveurs du dieu Anubis.

Mais que cette anecdote soit vraie ou fausse, il de-meure certain que la superstition égyptienne avait élevé un temple à Rome avec le consentement public. Les Juifs y commerçaient dès le temps de la guerre pu-nique ; ils y avaient des synagogues du temps d'Auguste, et ils les conservèrent presque toujours, ainsi que dans Rome moderne. Y a-t-il un plus grand exemple que la tolérance était regardée par les Romains comme la loi la plus sacrée du droit des gens ?

On nous dit qu'aussitôt que les chrétiens parurent, ils furent persécutés par ces mêmes Romains qui ne persécutaient personne. Il me paraît évident que ce fait est très faux ; je n'en veux pour preuve que saint Paul lui-même. Les *Actes des apôtres* nous apprennent que[17], saint Paul étant accusé par les Juifs de vouloir détruire la loi mosaïque par Jésus-Christ, saint Jacques proposa à saint Paul de se faire raser la tête, et d'aller se purifier dans le temple avec quatre Juifs, « afin que tout le monde sache que tout ce que l'on dit de vous est faux, et que vous continuez à garder la loi de Moïse ».

Paul, chrétien, alla donc s'acquitter de toutes les cérémonies judaïques pendant sept jours ; mais les sept jours n'étaient pas encore écoulés quand des Juifs d'Asie le reconnurent ; et, voyant qu'il était entré dans le temple, non seulement avec des Juifs, mais avec des Gentils, ils crièrent à la profanation : on le saisit, on le mena devant le gouverneur Félix, et ensuite on s'adressa au tribunal de Festus. Les Juifs en foule demandèrent sa mort ; Festus leur répondit[18] : « Ce n'est point la coutume des Romains de condamner un homme avant que l'accusé ait ses accusateurs devant lui, et qu'on lui ait donné la liberté de se défendre. »

Ces paroles sont d'autant plus remarquables dans ce magistrat romain qu'il paraît n'avoir eu nulle considération pour saint Paul, n'avoir senti pour lui que du mépris : trompé par les fausses lumières de sa raison, il le prit pour un fou ; il lui dit à lui-même qu'il était en démence[19] : *Multae te litterae ad insaniam convertunt.* Festus n'écouta donc que l'équité de la loi romaine en donnant sa protection à un inconnu qu'il ne pouvait estimer.

Voilà le Saint-Esprit lui-même qui déclare que les Romains n'étaient pas persécuteurs, et qu'ils étaient justes. Ce ne sont pas les Romains qui se soulevèrent contre saint Paul, ce furent les Juifs. Saint Jacques, frère de Jésus, fut lapidé par l'ordre d'un Juif saducéen et non d'un Romain. Les Juifs seuls lapidèrent saint Étienne[20] ; et lorsque saint Paul gardait les manteaux des exécuteurs[21], certes il n'agissait pas en citoyen romain.

Les premiers chrétiens n'avaient rien sans doute à démêler avec les Romains ; ils n'avaient d'ennemis que les Juifs, dont ils commençaient à se séparer. On sait quelle haine implacable portent tous les sectaires à ceux qui abandonnent leur secte. Il y eut sans doute du tumulte dans les synagogues de Rome. Suétone dit, dans la *Vie de Claude* (chap. XXV) : *Judaeos, impulsore Christo assidue tumultuantes, Roma expulit.* Il se trompait, en disant que c'était à l'instigation du Christ : il ne pouvait pas être instruit des détails d'un peuple aussi méprisé à Rome que l'était le peuple juif ; mais il ne se trompait pas sur l'occasion de ces querelles. Suétone écrivait sous Adrien, dans le second siècle ; les chrétiens n'étaient pas alors distingués des Juifs aux yeux des Romains. Le passage de Suétone fait voir que les Romains, loin d'opprimer les premiers chrétiens, réprimaient alors les Juifs qui les persécutaient. Ils voulaient que la synagogue de Rome eût pour ses frères séparés la même indulgence que le sénat avait pour elle, et les Juifs chassés revinrent bientôt après ; ils parvinrent même aux honneurs, malgré les lois qui les en excluaient ; c'est Dion Cassius et Ulpien[22] qui nous l'apprennent. Est-il possible qu'après la ruine de Jérusalem les empereurs eussent prodigué des dignités aux Juifs, et qu'ils eussent persécuté, livré aux bourreaux et aux bêtes des chrétiens qu'on regardait comme une secte de Juifs ?

Néron, dit-on, les persécuta. Tacite nous apprend qu'ils furent accusés de l'incendie de Rome, et qu'on les abandonna à la fureur du peuple. S'agissait-il de leur croyance dans une telle accusation ? non, sans doute. Dirons-nous que les Chinois que les Hollandais égorgèrent, il y a quelques années, dans les faubourgs de Batavia, furent immolés à la religion ? Quelque envie qu'on ait de se tromper, il est impossible d'attribuer à l'intolérance le désastre arrivé sous Néron à quelques malheureux demi-Juifs et demi-chrétiens.

Chapitre IX

Des martyrs

Il y eut dans la suite des martyrs chrétiens. Il est bien difficile de savoir précisément pour quelles raisons ces martyrs furent condamnés ; mais j'ose croire qu'aucun ne le fut, sous les premiers Césars, pour sa seule religion : on les tolérait toutes ; comment aurait-on pu rechercher et poursuivre des hommes obscurs, qui avaient un culte particulier, dans le temps qu'on permettait tous les autres ?

Les Titus, les Trajan, les Antonin, les Décius, n'étaient pas des barbares : peut-on imaginer qu'ils auraient privé les seuls chrétiens d'une liberté dont jouissait toute la terre ? Les aurait-on seulement osé accuser d'avoir des mystères secrets, tandis que les mystères d'Isis, ceux de Mithras, ceux de la déesse de Syrie, tous étrangers au culte romain, étaient permis sans contradiction ? Il faut bien que la persécution ait eu d'autres causes, et que les haines particulières, soutenues par la raison d'État, aient répandu le sang des chrétiens.

Par exemple, lorsque saint Laurent refuse au préfet de Rome, Cornelius Secularis, l'argent des chrétiens qu'il avait en sa garde, il est naturel que le préfet et l'empereur soient irrités : ils ne savaient pas que saint Laurent avait distribué cet argent aux pauvres, et qu'il avait fait une œuvre charitable et sainte ; ils le regardèrent comme un réfractaire, et le firent périr.

Considérons le martyre de saint Polyeucte. Le condamna-t-on pour sa religion seule ? Il va dans le temple, où l'on rend aux dieux des actions de grâces pour la victoire de l'empereur Décius ; il y insulte les sacrificateurs, il renverse et brise les autels et les statues : quel est le pays au monde où l'on pardonnerait un pareil attentat ? Le chrétien qui déchira publiquement l'édit de l'empereur Dioclétien, et qui attira sur ses frères la grande persécution dans les deux dernières années du règne de ce prince, n'avait pas un zèle selon la science, et il était bien malheureux d'être la cause du désastre de son parti. Ce zèle inconsidéré, qui éclata souvent et qui fut même condamné par plusieurs Pères de l'Église, a été probablement la source de toutes les persécutions.

Je ne compare point sans doute les premiers sacramentaires aux premiers chrétiens : je ne mets point l'erreur à côté de la vérité ; mais Farel, prédécesseur de Jean Calvin, fit dans Arles la même chose que saint Polyeucte avait faite en Arménie. On portait dans les rues la statue de saint Antoine l'ermite en procession ; Farel tombe avec quelques-uns des siens sur les moines qui portaient saint Antoine, les bat, les dispense, et jette saint Antoine dans la rivière. Il méritait la mort, qu'il ne reçut pas, parce qu'il eut le temps de s'enfuir. S'il s'était contenté de crier à ces moines qu'il ne croyait pas qu'un corbeau eût apporté la moitié d'un pain à saint Antoine l'ermite, ni que saint Antoine eût eu des conversations avec des centaures et des satyres, il aurait mérité une forte réprimande, parce qu'il troublait l'ordre ; mais si le soir, après la procession, il avait examiné paisiblement l'histoire du corbeau, des centaures, et des satyres, on n'aurait rien eu à lui reprocher.

51

Quoi ! les Romains auraient souffert que l'infâme Antinoüs fût mis au rang des seconds dieux, et ils auraient déchiré, livré aux bêtes, tous ceux auxquels on n'aurait reproché que d'avoir paisiblement adoré un juste ! Quoi ! ils auraient reconnu un Dieu suprême[23], un Dieu souverain, maître de tous les dieux secondaires, attesté par cette formule : *Deus optimus maximus* ; et ils auraient recherché ceux qui adoraient un Dieu unique !

Il n'est pas croyable que jamais il y eut une inquisition contre les chrétiens sous les empereurs, c'est-à-dire qu'on soit venu chez eux les interroger sur leur croyance. On ne troubla jamais sur cet article ni Juif, ni Syrien, ni Égyptien, ni bardes, ni druides, ni philosophes. Les martyrs furent donc ceux qui s'élevèrent contre les faux dieux. C'était une chose très sage, très pieuse de n'y pas croire ; mais enfin si, non contents d'adorer un Dieu en esprit et en vérité, ils éclatèrent violemment contre le culte reçu, quelque absurde qu'il pût être, on est forcé d'avouer qu'eux-mêmes étaient intolérants.

Tertullien, dans son *Apologétique*, avoue qu'on regardait les chrétiens comme des factieux : l'accusation était injuste, mais elle prouvait que ce n'était pas la religion seule des chrétiens qui excitait le zèle des magistrats. Il avoue que les chrétiens refusaient d'orner leurs portes de branches de laurier dans les réjouissances publiques pour les victoires des empereurs : on pouvait aisément prendre cette affectation condamnable pour un crime de lèse-majesté.

La première sévérité juridique exercée contre les chrétiens fut celle de Domitien ; mais elle se borna à un exil qui ne dura pas une année : « *Facile cœptum repressit, restitutis etiam quos relegaverat* », dit Tertullien (chap. v). Lactance, dont le style est si emporté, convient que, depuis Domitien jusqu'à Décius, l'Église fut tranquille et florissante. Cette longue paix, dit-il, fut interrompue quand cet exécrable animal Décius opprima l'Église : « *Exstitit enim post annos plurimos exsecrabile animal Decius, qui vexaret Ecclesiam.* » (*Apol.*, chap. IV.)

On ne veut point discuter ici le sentiment du savant Dodwell sur le petit nombre des martyrs ; mais si les Romains avaient tant persécuté la religion chrétienne, si le sénat avait fait mourir tant d'innocents par des supplices inusités, s'ils avaient plongé des chrétiens dans l'huile bouillante, s'ils avaient exposé des filles toutes nues aux bêtes dans le cirque, comment auraient-ils laissé en paix tous les premiers évêques de Rome ? Saint Irénée ne compte pour martyr parmi ces évêques que le seul Télesphore, dans l'an 139 de l'ère vulgaire, et on n'a aucune preuve que ce Télesphore ait été mis à mort. Zéphirin gouverna le troupeau de Rome pendant dix-huit années, et mourut paisiblement l'an 219. Il est vrai que, dans les anciens martyrologes, on place presque tous les premiers papes ; mais le mot de martyre n'était pris alors que suivant sa véritable signification : *martyre* voulait dire *témoignage*, et non pas *supplice*.

Il est difficile d'accorder cette fureur de persécution avec la liberté qu'eurent les chrétiens d'assembler cinquante-six conciles que les écrivains ecclésiastiques comptent dans les trois premiers siècles.

Il y eut des persécutions ; mais si elles avaient été aussi violentes qu'on le dit, il est vraisemblable que Tertullien, qui écrivit avec tant de force contre le culte reçu, ne serait pas mort dans son lit. On sait bien que les empereurs ne lurent pas son *Apologétique* ; qu'un écrit obscur, composé en Afrique, ne parvient pas à ceux qui sont chargés du gouvernement du monde ; mais il devait être connu de ceux qui approchaient le proconsul d'Afrique ; il devait attirer beaucoup de haine à l'auteur ; cependant il ne souffrit point le martyre.

Origène enseigna publiquement dans Alexandrie, et ne fut point mis à mort. Ce même Origène, qui parlait avec tant de liberté aux païens et aux chrétiens, qui annonçait Jésus aux uns, qui niait un Dieu en trois personnes aux autres, avoue expressément, dans son troisième livre contre Celse, « qu'il y a eu très peu de martyrs, et encore de loin en loin. Cependant, dit-il, les chrétiens ne négligent rien pour faire embrasser leur religion par tout le monde ; ils courent dans les villes, dans les bourgs, dans les villages ».

Il est certain que ces courses continuelles pouvaient être aisément accusées de sédition par les prêtres ennemis ; et pourtant ces missions sont tolérées, malgré le peuple égyptien, toujours turbulent, séditieux et lâche : peuple qui avait déchiré un Romain pour avoir tué un chat, peuple en tout temps méprisable, quoi qu'en disent les admirateurs des pyramides.

Qui devait plus soulever contre lui les prêtres et le gouvernement que saint Grégoire Thaumaturge, disciple d'Origène ? Grégoire avait vu pendant la nuit un vieillard envoyé de Dieu, accompagné d'une femme resplendissante de lumière : cette femme était la sainte Vierge, et ce vieillard était saint Jean l'Évangéliste. Saint Jean lui dicta un symbole que saint Grégoire alla prêcher. Il passa, en allant à Néocésarée, près d'un temple où l'on rendait des oracles, et où la pluie l'obligea de passer la nuit ; il y fit plusieurs signes de croix. Le lendemain le grand sacrificateur du temple fut étonné que les démons, qui lui répondaient auparavant, ne voulaient plus rendre d'oracles ; il les appela : les diables vinrent pour lui dire qu'ils ne viendraient plus ; ils lui apprirent qu'ils ne pouvaient plus habiter ce temple, parce que Grégoire y avait passé la nuit, et qu'il y avait fait des signes de croix.

Le sacrificateur fit saisir Grégoire, qui lui répondit : « Je peux chasser les démons d'où je veux, et les faire entrer où il me plaira. — Faites-les donc rentrer dans mon temple », dit le sacrificateur. Alors Grégoire déchira un petit morceau d'un volume qu'il tenait à la main, et y traça ces paroles : « Grégoire à Satan : Je te commande de rentrer dans ce temple. » On mit ce billet sur l'autel : les démons obéirent, et rendirent ce jour-là leurs oracles comme à l'ordinaire ; après quoi ils cessèrent, comme on le sait.

C'est saint Grégoire de Nysse qui rapporte ces faits dans la vie de saint Grégoire Thaumaturge. Les prêtres des idoles devaient sans doute être animés contre Grégoire, et, dans leur aveuglement, le déférer au magistrat : cependant leur plus grand ennemi n'essuya aucune persécution.

Il est dit dans l'histoire de saint Cyprien qu'il fut le premier évêque de Carthage condamné à la mort. Le martyre de saint Cyprien est de l'an 258 de notre ère : donc pendant un très long temps aucun évêque de Carthage ne fut immolé pour sa religion. L'histoire ne nous dit point quelles calomnies s'élevèrent contre saint Cyprien, quels ennemis il avait, pourquoi le proconsul d'Afrique fut irrité contre lui. Saint Cyprien écrit à Cornélius, évêque de Rome : « Il arriva depuis peu une émotion populaire à Carthage, et on cria par deux fois qu'il fallait me jeter aux lions. » Il est bien vraisemblable que les emportements du peuple féroce de Carthage furent enfin cause de la mort de Cyprien, et il est bien sûr que ce ne fut pas l'empereur Gallus qui le condamna de si loin pour sa religion, puisqu'il laissait en paix Corneille, qui vivait sous ses yeux.

Tant de causes secrètes se mêlent souvent à la cause apparente, tant de ressorts inconnus servent à persécuter un homme, qu'il est impossible de démêler dans les siècles postérieurs la source cachée des malheurs des hommes les plus considérables, à plus forte raison celle du supplice d'un particulier qui ne pouvait être connu que par ceux de son parti.

Remarquez que saint Grégoire Thaumaturge et saint Denis évêque d'Alexandrie, qui ne furent point suppliciés, vivaient dans le temps de saint Cyprien. Pourquoi, étant aussi connus pour le moins que cet évêque de Carthage, demeurèrent-ils paisibles ? Et pourquoi saint Cyprien fut-il livré au supplice ? N'y a-t-il pas quelque apparence que l'un succomba sous des ennemis personnels et puissants, sous la calomnie, sous le prétexte de la raison d'État, qui se joint si souvent à la religion, et que les autres eurent le bonheur d'échapper à la méchanceté des hommes ?

Il n'est guère possible que la seule accusation de christianisme ait fait périr saint Ignace sous le clément et juste Trajan, puisqu'on permit aux chrétiens de l'accompagner et de le consoler, quand on le conduisit à Rome. Il y avait eu souvent des séditions dans Antioche, ville toujours turbulente, où Ignace était évêque secret des chrétiens : peut-être ces séditions, malignement imputées aux chrétiens innocents, excitèrent l'attention du gouvernement, qui fut trompé, comme il est trop souvent arrivé.

Saint Siméon, par exemple, fut accusé devant Sapor d'être l'espion des Romains. L'histoire de son martyre rapporte que le roi Sapor lui proposa d'adorer le soleil ; mais on sait que les Perses ne rendaient point de culte au soleil : ils le regardaient comme un emblème du bon principe, d'Oromase, ou Orosmade, du Dieu créateur qu'ils reconnaissaient.

Quelque tolérant que l'on puisse être, on ne peut s'empêcher de sentir quelque indignation contre ces déclamateurs qui accusent Dioclétien d'avoir persécuté les chrétiens depuis qu'il fut sur le trône ; rapportons-nous-en à Eusèbe de Césarée : son témoignage ne peut être récusé ; le favori, le panégyriste de Constantin, l'ennemi violent des empereurs précédents, doit en être cru quand il les justifie. Voici ses paroles[24] : « Les empereurs donnèrent longtemps aux chrétiens de grandes marques de bienveillance ; ils leur confièrent des provinces ; plusieurs chrétiens demeurèrent dans le palais ; ils épousèrent même des chrétiennes. Dioclétien prit pour son épouse Prisca, dont la fille fut femme de Maximien Galère, etc. »

Qu'on apprenne donc de ce témoignage décisif à ne plus calomnier ; qu'on juge si la persécution excitée par Galère, après dix-neuf ans d'un règne de clémence et de bienfaits, ne doit pas avoir sa source dans quelque intrigue que nous ne connaissons pas.

Qu'on voie combien la fable de la légion thébaine ou thébéenne, massacrée, dit-on, tout entière pour la religion, est une fable absurde. Il est ridicule qu'on ait fait venir cette légion d'Asie par le Grand-Saint-Bernard ; il est impossible qu'on l'eût appelée d'Asie pour venir apaiser une sédition dans les Gaules, un an après que cette sédition avait été réprimée ; il n'est pas moins impossible qu'on ait égorgé six mille hommes d'infanterie et sept cents cavaliers dans un passage où deux cents hommes pourraient arrêter une armée entière. La relation de cette prétendue boucherie commence par une imposture évidente : « Quand la terre gémissait sous la tyrannie de Dioclétien, le ciel se peuplait de martyrs. » Or cette aventure, comme on l'a dit, est supposée en 286, temps où Dioclétien favorisait le plus les chrétiens, et où l'empire romain fut le plus heureux. Enfin ce qui devrait épargner toutes ces discussions, c'est qu'il n'y eut jamais de légion thébaine : les Romains étaient trop fiers et trop sensés pour composer une légion de ces Égyptiens qui ne servaient à Rome que d'esclaves, *Verna Canopi* : c'est comme s'ils avaient eu une légion juive. Nous avons les noms des trente-deux légions qui faisaient les principales forces de l'empire romain ; assurément la légion thébaine ne s'y trouve pas. Rangeons donc ce conte avec les vers acrostiches des sibylles qui prédisaient les miracles de Jésus-Christ, et avec tant de pièces supposées qu'un faux zèle prodigua pour abuser la crédulité.

Chapitre X

Du danger des fausses légendes
et de la persécution

Le mensonge en a trop longtemps imposé aux hommes ; il est temps qu'on connaisse le peu de vérités qu'on peut démêler à travers ces nuages de fables qui couvrent l'histoire romaine depuis Tacite et Suétone, et qui ont presque toujours enveloppé les annales des autres nations anciennes.

Comment peut-on croire, par exemple, que les Romains, ce peuple grave et sévère de qui nous tenons nos lois, aient condamné des vierges chrétiennes, des filles de qualité, à la prostitution ? C'est bien mal connaître l'austère dignité de nos législateurs, qui punissaient si sévèrement les faiblesses des vestales. Les *Actes sincères* de Ruinart rapportent ces turpitudes ; mais doit-on croire aux *Actes* de Ruinart comme aux *Actes des apôtres* ? Ces *Actes sincères* disent, après Bollandus, qu'il y avait dans la ville d'Ancyre sept vierges chrétiennes, d'environ soixante et dix ans chacune, que le gouverneur Théodecte les condamna à passer par les mains des jeunes gens de la ville ; mais que ces vierges ayant été épargnées, comme de raison, il les obligea de servir toutes nues aux mystères de Diane, auxquels pourtant on n'assista jamais qu'avec un voile. Saint Théodote, qui, à la vérité, était cabaretier, mais qui n'en était pas moins zélé, pria Dieu ardemment

59

de vouloir bien faire mourir ces saintes filles, de peur qu'elles ne succombassent à la tentation. Dieu l'exauça ; le gouverneur les fit jeter dans un lac avec une pierre au cou : elles apparurent aussitôt à Théodote, et le prièrent de ne pas souffrir que leurs corps fussent mangés des poissons ; ce furent leurs propres paroles.

Le saint cabaretier et ses compagnons allèrent pendant la nuit au bord du lac gardé par des soldats ; un flambeau céleste marcha toujours devant eux, et quand ils furent au lieu où étaient les gardes, un cavalier céleste, armé de toutes pièces, poursuivit ces gardes la lance à la main. Saint Théodote retira du lac les corps des vierges : il fut mené devant le gouverneur ; et le cavalier céleste n'empêcha pas qu'on ne lui tranchât la tête. Ne cessons de répéter que nous vénérons les vrais martyrs, mais qu'il est difficile de croire cette histoire de Bollandus et de Ruinart.

Faut-il rapporter ici le conte du jeune saint Romain ? On le jeta dans le feu, dit Eusèbe, et des Juifs qui étaient présents insultèrent à Jésus-Christ qui laissait brûler ses confesseurs, après que Dieu avait tiré Sidrach, Misach, et Abdenago, de la fournaise ardente[25]. À peine les Juifs eurent-ils parlé que saint Romain sortit triomphant du bûcher : l'empereur ordonna qu'on lui pardonnât, et dit au juge qu'il ne voulait rien avoir à démêler avec Dieu ; étranges paroles pour Dioclétien ! Le juge, malgré l'indulgence de l'empereur, commanda qu'on coupât la langue à saint Romain, et, quoiqu'il eût des bourreaux, il fit faire cette opération par un médecin. Le jeune Romain, né bègue, parla avec volubilité dès qu'il eut la langue coupée. Le médecin essuya une réprimande, et, pour montrer que l'opération était faite selon les règles de l'art, il prit un passant et lui coupa juste autant de langue qu'il en avait coupé à saint Romain, de quoi le passant mourut sur-le-champ : *car,* ajoute savamment l'auteur, *l'anatomie nous apprend qu'un homme sans langue ne saurait vivre.* En vérité, si Eusèbe a écrit de pareilles fadaises, si on ne les a point ajoutées à ses écrits, quel fond peut-on faire sur son *Histoire* ?

On nous donne le martyre de sainte Félicité et de ses sept enfants, envoyés, dit-on, à la mort par le sage et vieux Antonin, sans nommer l'auteur de la relation.

Il est bien vraisemblable que quelque auteur plus zélé que vrai a voulu imiter l'histoire des Macchabées. C'est ainsi que commence la relation : « Sainte Félicité était Romaine, elle vivait sous le règne d'Antonin » ; il est clair, par ces paroles, que l'auteur n'était pas contemporain de sainte Félicité. Il dit que le préteur les jugea sur son tribunal dans le champ de Mars ; mais le préfet de Rome tenait son tribunal au Capitole, et non au champ de Mars, qui, après avoir servi à tenir les comices, servait alors aux revues des soldats, aux courses, aux jeux militaires : cela seul démontre la supposition.

Il est dit encore qu'après le jugement, l'empereur commit à différents juges le soin de faire exécuter l'arrêt : ce qui est entièrement contraire à toutes les formalités de ces temps-là et à celles de tous les temps.

Il y a de même un saint Hippolyte, que l'on suppose traîné par des chevaux, comme Hippolyte, fils de Thésée. Ce supplice ne fut jamais connu des anciens Romains, et la seule ressemblance du nom a fait inventer cette fable.

Observez encore que dans les relations des martyres, composées uniquement par les chrétiens mêmes, on voit presque toujours une foule de chrétiens venir librement dans la prison du condamné, le suivre au supplice, recueillir son sang, ensevelir son corps, faire des miracles avec les reliques. Si c'était la religion seule qu'on eût persécutée, n'aurait-on pas immolé ces chrétiens qui assistaient leurs frères condamnés, et qu'on accusait d'opérer des enchantements avec les restes des corps martyrisés ? Ne les aurait-on pas traités comme nous avons traité les vaudois, les albigeois, les hussites, les différentes sectes des protestants ? Nous les avons égorgés, brûlés en foule, sans distinction ni d'âge ni de sexe. Y a-t-il, dans les relations avérées des persécutions anciennes, un seul trait qui approche de la Saint-Barthélemy et des massacres d'Irlande ? Y en a-t-il un seul qui ressemble à la fête annuelle qu'on célèbre encore dans Toulouse, fête cruelle, fête abolissable à jamais, dans laquelle un peuple entier remercie Dieu en procession, et se félicite d'avoir égorgé, il y a deux cents ans, quatre mille de ses concitoyens ?

Je le dis avec horreur, mais avec vérité : c'est nous, chrétiens, c'est nous qui avons été persécuteurs, bourreaux, assassins ! Et de qui ? de nos frères. C'est nous qui avons détruit cent villes, le crucifix ou la *Bible* à la main, et qui n'avons cessé de répandre le sang et d'allumer des bûchers, depuis le règne de Constantin jusqu'aux fureurs des cannibales qui habitaient les Cévennes : fureurs qui, grâces au ciel, ne subsistent plus aujourd'hui.

Nous envoyons encore quelquefois à la potence de pauvres gens du Poitou, du Vivarais, de Valence, de Montauban. Nous avons pendu, depuis 1745, huit personnages de ceux qu'on appelle *prédicants* ou *ministres de l'Évangile*, qui n'avaient d'autre crime que d'avoir prié Dieu pour le roi en patois, et d'avoir donné une goutte de vin et un morceau de pain levé à quelques paysans imbéciles. On ne sait rien de cela dans Paris, où le plaisir est la seule chose importante, où l'on ignore tout ce qui se passe en province et chez les étrangers. Ces procès se font en une heure, et plus vite qu'on ne juge un déserteur. Si le roi en était instruit, il ferait grâce.

On ne traite ainsi les prêtres catholiques en aucun pays protestant. Il y a plus de cent prêtres catholiques en Angleterre et en Irlande ; on les connaît, on les a laissés vivre très paisiblement dans la dernière guerre.

Serons-nous toujours les derniers à embrasser les opinions saines des autres nations ? Elles se sont corrigées : quand nous corrigerons-nous ? Il a fallu soixante ans pour nous faire adopter ce que Newton avait démontré ; nous commençons à peine à oser sauver la vie à nos enfants par l'inoculation[26] ; nous ne pratiquons que depuis très peu de temps les vrais principes de l'agriculture ; quand commencerons-nous à pratiquer les vrais principes de l'humanité ? et de quel front pouvons-nous reprocher aux païens d'avoir fait des martyrs, tandis que nous avons été coupables de la même cruauté dans les mêmes circonstances ?

Accordons que les Romains ont fait mourir une multitude de chrétiens pour leur seule religion ; en ce cas, les Romains ont été très condamnables. Voudrions-nous commettre la même injustice ? Et quand nous leur reprochons d'avoir persécuté, voudrions-nous être persécuteurs ?

S'il se trouvait quelqu'un assez dépourvu de bonne foi, ou assez fanatique, pour me dire ici : Pourquoi venez-vous développer nos erreurs et nos fautes ? pourquoi détruire nos faux miracles et nos fausses légendes ? Elles sont l'aliment de la piété de plusieurs personnes ; il y a des erreurs nécessaires ; n'arrachez pas du corps un ulcère invétéré qui entraînerait avec lui la destruction du corps, voici ce que je lui répondrais :

Tous ces faux miracles par lesquels vous ébranlez la foi qu'on doit aux véritables, toutes ces légendes absurdes que vous ajoutez aux vérités de l'Évangile, éteignent la religion dans les cœurs ; trop de personnes qui veulent s'instruire, et qui n'ont pas le temps de s'instruire assez, disent : « Les maîtres de ma religion m'ont trompé, il n'y a donc point de religion ; il vaut mieux se jeter dans les bras de la nature que dans ceux de l'erreur ; j'aime mieux dépendre de la loi naturelle que des inventions des hommes. » D'autres ont le malheur d'aller encore plus loin : ils voient que l'imposture leur a mis un frein, et ils ne veulent pas même du frein de la vérité, ils penchent vers l'athéisme ; on devient dépravé parce que d'autres ont été fourbes et cruels.

Voilà certainement les conséquences de toutes les fraudes pieuses et de toutes les superstitions. Les hommes d'ordinaire ne raisonnent qu'à demi ; c'est un très mauvais argument que de dire : Voragine, l'auteur de *la Légende dorée*, et le jésuite Ribadeneira, compilateur de *la Fleur des saints*, n'ont dit que des sottises : donc il n'y a point de Dieu ; les catholiques ont égorgé un certain nombre de huguenots, et les huguenots à leur tour ont assassiné un certain nombre de catholiques : donc il n'y a point de Dieu ; on s'est servi de la confession, de la communion, et de tous les sacrements, pour commettre les crimes les plus horribles : donc il n'y a point de Dieu. Je conclurais au contraire : Donc il y a un Dieu qui, après cette vie passagère, dans laquelle nous l'avons tant méconnu, et tant commis de crimes en son nom, daignera nous consoler de tant d'horribles malheurs : car, à considérer les guerres de religion, les quarante schismes des papes, qui ont presque tous été sanglants ; les impostures, qui ont presque toutes été funestes : les haines irréconciliables allumées par les différentes opinions ; à voir tous les maux qu'a produits le faux zèle, les hommes ont eu longtemps leur enfer dans cette vie.

Chapitre XI

Abus de l'intolérance

Mais quoi ! sera-t-il permis à chaque citoyen de ne croire que sa raison, et de penser ce que cette raison éclairée ou trompée lui dictera ? Il le faut bien[27], pourvu qu'il ne trouble point l'ordre : car il ne dépend pas de l'homme de croire ou de ne pas croire, mais il dépend de lui de respecter les usages de sa patrie ; et si vous disiez que c'est un crime de ne pas croire à la religion dominante, vous accuseriez donc vous-même les premiers chrétiens vos pères, et vous justifieriez ceux que vous accusez de les avoir livrés aux supplices.

Vous répondez que la différence est grande, que toutes les religions sont les ouvrages des hommes, et que l'Église catholique, apostolique et romaine, est seule l'ouvrage de Dieu. Mais en bonne foi, parce que notre religion est divine doit-elle régner par la haine, par les fureurs, par les exils, par l'enlèvement des biens, les prisons, les tortures, les meurtres, et par les actions de grâces rendues à Dieu pour ces meurtres ? Plus la religion chrétienne est divine, moins il appartient à l'homme de la commander ; si Dieu l'a faite, Dieu la soutiendra sans vous. Vous savez que l'intolérance ne produit que des hypocrites ou des rebelles : quelle funeste alternative ! Enfin voudriez-vous soutenir par des bourreaux la religion d'un Dieu que des bourreaux ont fait périr, et qui n'a prêché que la douceur et la patience ?

Voyez, je vous prie, les conséquences affreuses du droit de l'intolérance. S'il était permis de dépouiller de ses biens, de jeter dans les cachots, de tuer un citoyen qui, sous un tel degré de latitude, ne professerait pas la religion admise sous ce degré, quelle exception exempterait les premiers de l'État des mêmes peines ? La religion lie également le monarque et les mendiants : aussi plus de cinquante docteurs ou moines ont affirmé cette horreur monstrueuse qu'il était permis de déposer, de tuer les souverains qui ne penseraient pas comme l'Église dominante ; et les parlements du royaume n'ont cessé de proscrire ces abominables décisions d'abominables théologiens.

Le sang de Henri le Grand fumait encore quand le parlement de Paris donna un arrêt qui établissait l'indépendance de la couronne comme une loi fondamentale. Le cardinal Duperron, qui devait la pourpre à Henri le Grand, s'éleva, dans les états de 1614, contre l'arrêt du parlement, et le fit supprimer. Tous les journaux du temps rapportent les termes dont Duperron se servit dans ses harangues : « Si un prince se faisait arien, dit-il, on serait bien obligé de le déposer. »

Non assurément, monsieur le cardinal. On veut bien adopter votre supposition chimérique qu'un de nos rois, ayant lu l'histoire des conciles et des pères, frappé d'ailleurs de ces paroles : *Mon père est plus grand que moi*[28], les prenant trop à la lettre et balançant entre le concile de Nicée et celui de Constantinople, se déclarât pour Eusèbe de Nicomédie : je n'en obéirai pas moins à mon roi, je ne me croirai pas moins lié par le serment que je lui ai fait ; et si vous osiez vous soulever contre lui, et que je fusse un de vos juges, je vous déclarerais criminel de lèse-majesté.

Duperron poussa plus loin la dispute, et je l'abrège. Ce n'est pas ici le lieu d'approfondir ces chimères révoltantes ; je me bornerai à dire, avec tous les citoyens, que ce n'est point parce que Henri IV fut sacré à Chartres qu'on lui devait obéissance, mais parce que le droit incontestable de la naissance donnait la couronne à ce prince, qui la méritait par son courage et par sa bonté.

Qu'il soit donc permis de dire que tout citoyen doit hériter, par le même droit, des biens de son père, et qu'on ne voit pas qu'il mérite d'en être privé, et d'être traîné au gibet, parce qu'il sera du sentiment de Ratram contre Paschase Tarbert, et de Bérenger contre Scot.

On sait que tous nos dogmes n'ont pas toujours été clairement expliqués et universellement reçus dans notre Église. Jésus-Christ ne nous ayant point dit comment procédait le Saint-Esprit, l'Église latine crut longtemps avec la grecque qu'il ne procédait que du Père : enfin elle ajouta au symbole qu'il procédait aussi du Fils. Je me demande si, le lendemain de cette décision, un citoyen qui s'en serait tenu au symbole de la veille eût été digne de mort ? La cruauté, l'injustice, seraient-elles moins grandes de punir aujourd'hui celui qui penserait comme on pensait autrefois ? Était-on coupable, du temps d'Honorius Ier, de croire que Jésus n'avait pas deux volontés ?

Il n'y a pas longtemps que l'immaculée conception est établie : les dominicains n'y croient pas encore. Dans quel temps les dominicains commenceront-ils à mériter des peines dans ce monde et dans l'autre ?

Si nous devons apprendre de quelqu'un à nous conduire dans nos disputes interminables, c'est certainement des apôtres et des évangélistes. Il y avait de quoi exciter un schisme violent entre saint Paul et saint Pierre. Paul dit expressément dans son *Épître aux Galates* qu'il résista en face à Pierre parce que Pierre était répréhensible, parce qu'il usait de dissimulation aussi bien que Barnabé, parce qu'ils mangeaient avec les Gentils avant l'arrivée de Jacques, et qu'ensuite ils se retirèrent secrètement, et se séparèrent des Gentils de peur d'offenser les circoncis. « Je vis, ajoute-t-il, qu'ils ne marchaient pas droit selon l'Évangile ; je dis à Céphas : Si vous, Juif, vivez comme les Gentils, et non comme les Juifs, pourquoi obligez-vous les Gentils à judaïser ? »

C'était là un sujet de querelle violente. Il s'agissait de savoir si les nouveaux chrétiens judaïseraient ou non. Saint Paul alla dans ce temps-là même sacrifier dans le temple de Jérusalem. On sait que les quinze premiers évêques de Jérusalem furent des Juifs circoncis, qui observèrent le sabbat, et qui s'abstinrent de viandes défendues. Un évêque espagnol ou portugais qui se ferait circoncire, et qui observerait le sabbat, serait brûlé dans un *auto-da-fé*. Cependant la paix ne fut altérée, pour cet objet fondamental, ni parmi les apôtres, ni parmi les premiers chrétiens.

Si les évangélistes avaient ressemblé aux écrivains modernes, ils avaient un champ bien vaste pour combattre les uns contre les autres. Saint Matthieu compte vingt-huit générations de David jusqu'à Jésus ; saint Luc en compte quarante et une, et ces générations sont absolument différentes. On ne voit pourtant nulle dissension s'élever entre les disciples sur ces contrariétés apparentes, très bien conciliées par plusieurs Pères de l'Église. La charité ne fut point blessée, la paix fut conservée. Quelle plus grande leçon de nous tolérer dans nos disputes, et de nous humilier dans tout ce que nous n'entendons pas !

Saint Paul, dans son *Épître* à quelques juifs de Rome convertis au christianisme, emploie toute la fin du troisième chapitre à dire que la seule foi glorifie, et que les œuvres ne justifient personne. Saint Jacques au contraire, dans son *Épître* aux douze tribus dispersées par toute la terre, chapitre II, ne cesse de dire qu'on ne peut être sauvé sans les œuvres. Voilà ce qui a séparé deux grandes communions parmi nous, et ce qui ne divisa point les apôtres.

Si la persécution contre ceux avec qui nous disputons était une action sainte, il faut avouer que celui qui aurait fait tuer le plus d'hérétiques serait le plus grand saint du paradis. Quelle figure y ferait un homme qui se serait contenté de dépouiller ses frères, et de les plonger dans des cachots, auprès d'un zélé qui en aurait massacré des centaines le jour de la Saint-Barthélemy ? En voici la preuve.

Le successeur de saint Pierre et son consistoire ne peuvent errer ; ils approuvèrent, célébrèrent, consacrèrent, l'action de la Saint-Barthélemy : donc cette action était très sainte ; donc de deux assassins égaux en piété, celui qui aurait éventré vingt-quatre femmes grosses huguenotes doit être élevé en gloire du double de celui qui n'en aura éventré que douze. Par la même raison, les fanatiques des Cévennes devaient croire qu'ils seraient élevés en gloire à proportion du nombre des prêtres, des religieux et des femmes catholiques qu'ils auraient égorgés. Ce sont là d'étranges titres pour la gloire éternelle.

Chapitre XII

Si l'intolérance fut de droit divin dans le judaïsme, et si elle fut toujours mise en pratique

On appelle, je crois, *droit divin* les préceptes que Dieu a donnés lui-même. Il voulut que les Juifs mangeassent un agneau cuit avec des laitues, et que les convives le mangeassent debout, un bâton à la main, en commémoration du *Phasé*[29] ; il ordonna que la consécration du grand prêtre se ferait en mettant du sang à son oreille droite, à sa main droite et à son pied droit, coutumes extraordinaires pour nous, mais non pas pour l'antiquité ; il voulut qu'on chargeât le bouc *Hazazel* des iniquités du peuple ; il défendit qu'on se nourrît de poissons sans écailles, de porcs, de lièvres, de hérissons, de hiboux, de griffons, d'ixions, etc.

Il institua les fêtes, les cérémonies. Toutes ces choses, qui semblaient arbitraires aux autres nations, et soumises au droit positif, à l'usage, étant commandées par Dieu même, devenaient un droit divin pour les Juifs, comme tout ce que Jésus-Christ, fils de Marie, fils de Dieu, nous a commandé est de droit divin pour nous.

Gardons-nous de rechercher ici pourquoi Dieu a substitué une loi nouvelle à celle qu'il avait donnée à Moïse, et pourquoi il avait commandé à Moïse plus de choses qu'au patriarche Abraham, et plus à Abraham qu'à Noé. Il semble qu'il daigne se proportionner aux temps et à la population du genre humain : c'est une gradation paternelle ; mais ces abîmes sont trop profonds pour notre débile vue. Tenons-nous dans les bornes de notre sujet ; voyons d'abord ce qu'était l'intolérance chez les Juifs.

Il est vrai que, dans l'*Exode*, les *Nombres*, le *Lévitique*, le *Deutéronome*, il y a des lois très sévères sur le culte, et des châtiments plus sévères encore. Plusieurs commentateurs ont de la peine à concilier les récits de Moïse avec les passages de Jérémie et d'Amos, et avec le célèbre discours de saint Étienne, rapporté dans les *Actes des apôtres*. Amos dit que les Juifs adorèrent toujours dans le désert Moloch, Rempham, et Kium. Jérémie dit expressément que Dieu ne demanda aucun sacrifice à leurs pères quand ils sortirent d'Égypte. Saint Étienne, dans son discours aux Juifs, s'exprime ainsi : « Ils adorèrent l'armée du ciel ; ils n'offrirent ni sacrifices ni hosties dans le désert pendant quarante ans ; ils portèrent le tabernacle du dieu Moloch, et l'astre de leur dieu Rempham. »

D'autres critiques infèrent du culte de tant de dieux étrangers que ces dieux furent tolérés par Moïse, et ils citent en preuves ces paroles du *Deutéronome* : « Quand vous serez dans la terre de Chanaan, vous ne ferez point comme nous faisons aujourd'hui, où chacun fait ce qui lui semble bon. »

Ils appuient leur sentiment sur ce qu'il n'est parlé d'aucun acte religieux du peuple dans le désert : point de Pâque célébrée, point de Pentecôte, nulle mention qu'on ait célébré la fête des tabernacles, nulle prière publique établie ; enfin la circoncision, ce sceau de l'alliance de Dieu avec Abraham, ne fut point pratiquée.

Ils se prévalent encore de l'histoire de Josué. Ce conquérant dit aux Juifs : « L'option vous est donnée : choisissez quel parti il vous plaira, ou d'adorer les dieux que vous avez servis dans le pays des Amorrhéens, ou ceux que vous avez reconnus en Mésopotamie. » Le peuple répond : « Il n'en sera pas ainsi, nous servirons Adonaï. » Josué leur répliqua : « Vous avez choisi vous-mêmes ; ôtez donc du milieu de vous les dieux étrangers. » Ils avaient donc eu incontestablement d'autres dieux qu'Adonaï sous Moïse.

Il est très inutile de réfuter ici les critiques qui pensent que le *Pentateuque* ne fut pas écrit par Moïse ; tout a été dit dès longtemps sur cette matière ; et quand même quelque petite partie des livres de Moïse aurait été écrite du temps des juges ou des pontifes, ils n'en seraient pas moins inspirés et moins divins.

C'est assez, ce me semble, qu'il soit prouvé par la Sainte Écriture que, malgré la punition extraordinaire attirée aux Juifs par le culte d'Apis, ils conservèrent longtemps une liberté entière, peut-être même que le massacre que fit Moïse de vingt-trois mille hommes pour le veau érigé par son frère lui fit comprendre qu'on ne gagnait rien par la rigueur, et qu'il fut obligé de fermer les yeux sur la passion du peuple pour les dieux étrangers.

Lui-même semble bientôt transgresser la loi qu'il a donnée. Il a défendu tout simulacre, cependant il érige un serpent d'airain. La même exception à la loi se trouve depuis dans le temple de Salomon : ce prince fait sculpter douze bœufs qui soutiennent le grand bassin du temple ; des chérubins sont posés dans l'arche ; ils ont une tête d'aigle et une tête de veau ; et c'est apparemment cette tête de veau mal faite, trouvée dans le temple par des soldats romains, qui fit croire longtemps que les Juifs adoraient un âne.

En vain le culte des dieux étrangers est défendu ; Salomon est paisiblement idolâtre. Jéroboam, à qui Dieu donna dix parts du royaume, fait ériger deux veaux d'or, et règne vingt-deux ans, en réunissant en lui les dignités de monarque et de pontife. Le petit royaume de Juda dresse sous Roboam des autels étrangers et des statues. Le saint roi Asa ne détruit point les hauts lieux. Le grand prêtre Urias érige dans le temple, à la place de l'autel des holocaustes, un autel du roi de Syrie. On ne voit, en un mot, aucune contrainte sur la religion. Je sais que la plupart des rois juifs s'exterminèrent, s'assassinèrent les uns les autres ; mais ce fut toujours pour leur intérêt, et non pour leur croyance.

Il est vrai que parmi les prophètes il y en eut qui intéressèrent le ciel à leur vengeance : Élie fit descendre le feu céleste pour consumer les prêtres de Baal ; Élisée fit venir des ours pour dévorer quarante-deux petits enfants qui l'avaient appelé *tête chauve* ; mais ce sont des miracles rares, et des faits qu'il serait un peu dur de vouloir imiter.

On nous objecte encore que le peuple juif fut très ignorant et très barbare. Il est dit que, dans la guerre qu'il fit aux Madianites[30], Moïse ordonna de tuer tous les enfants mâles et toutes les mères, et de partager le butin. Les vainqueurs trouvèrent dans le camp six cent soixante-quinze mille brebis, soixante-douze mille bœufs, soixante et un mille ânes, et trente-deux mille jeunes filles ; ils en firent le partage, et tuèrent tout le reste. Plusieurs commentateurs même prétendent que trente-deux filles furent immolées au Seigneur : « *Cesserunt in partem Domini triginta duae animae*[31]. »

En effet, les Juifs immolaient des hommes à la Divinité, témoin le sacrifice de Jephté, témoin le roi Agag coupé en morceaux par le prêtre Samuel. Ézéchiel même leur promet, pour les encourager, qu'ils mangeront de la chair humaine : « Vous mangerez, dit-il, le cheval et le cavalier ; vous boirez le sang des princes. » Plusieurs commentateurs appliquent deux versets de cette prophétie aux Juifs mêmes, et les autres aux animaux carnassiers. On ne trouve, dans toute l'histoire de ce peuple, aucun trait de générosité, de magnanimité, de bienfaisance ; mais il s'échappe toujours, dans le nuage de cette barbarie si longue et si affreuse, des rayons d'une tolérance universelle.

Jephté, inspiré de Dieu, et qui lui immola sa fille, dit aux Ammonites : « Ce que votre dieu Chamos vous a donné ne vous appartient-il pas de droit ? Souffrez donc que nous prenions la terre que notre Dieu nous a promise. » Cette déclaration est précise : elle peut mener bien loin ; mais au moins elle est une preuve évidente que Dieu tolérait Chamos. Car la Sainte Écriture ne dit pas : Vous pensez avoir droit sur les terres que vous dites vous avoir été données par le dieu Chamos ; elle dit positivement : « Vous avez droit, *libi jure debentur* » ; ce qui est le vrai sens de ces paroles hébraïques *Otho thirasch.*

L'histoire de Michas et du lévite, rapportée aux XVIIe et XVIIIe chapitres du livre des *Juges,* est bien encore une preuve incontestable de la tolérance et de la liberté la plus grande, admise alors chez les Juifs. La mère de Michas, femme fort riche d'Éphraïm, avait perdu onze cents pièces d'argent : son fils les lui rendit ; elle voua cet argent au Seigneur, et en fit faire des idoles ; elle bâtit une petite chapelle. Un lévite desservit la chapelle, moyennant dix pièces d'argent, une tunique, un manteau par année, et sa nourriture ; et Michas s'écria : « C'est maintenant que Dieu me fera du bien, puisque j'ai chez moi un prêtre de la race de Lévi. »

Cependant six cents hommes de la tribu de Dan, qui cherchaient à s'emparer de quelque village dans le pays, et à s'y établir, mais n'ayant point de prêtre lévite avec eux, et en ayant besoin pour que Dieu favorisât leur entreprise, allèrent chez Michas, et prirent son éphod, ses idoles ; et son lévite, malgré les remontrances de ce prêtre, et malgré les cris de Michas et de sa mère. Alors ils allèrent avec assurance attaquer le village nommé Laïs, et y mirent tout à feu et à sang selon leur coutume. Ils donnèrent le nom de Dan à Laïs, en mémoire de leur victoire ; ils placèrent l'idole de Michas sur un autel ; et, ce qui est bien le plus remarquable, Jonathan, petit-fils de Moïse, fut le grand prêtre de ce temple, où l'on adorait le Dieu d'Israël et l'idole de Michas.

Après la mort de Gédéon, les Hébreux adorèrent Baal-bérith pendant près de vingt ans, et renoncèrent au culte d'Adonaï, sans qu'aucun chef, aucun juge, aucun prêtre, criât vengeance. Leur crime était grand, je l'avoue ; mais si cette idolâtrie même fut tolérée, combien les différences dans le vrai culte ont-elles dû l'être !

Quelques-uns donnent pour une preuve d'intolérance que le Seigneur lui-même ayant permis que son arche fût prise par les Philistins dans un combat, il ne punit les Philistins qu'en les frappant d'une maladie secrète ressemblant aux hémorroïdes, en renversant la statue de Dagon, et en envoyant une multitude de rats dans leurs campagnes ; mais, lorsque les Philistins, pour apaiser sa colère, eurent renvoyé l'arche attelée de deux vaches qui nourrissaient leurs veaux, et offert à Dieu cinq rats d'or, et cinq anus d'or, le Seigneur fit mourir soixante et dix anciens d'Israël et cinquante mille hommes du peuple pour avoir regardé l'arche. On répond que le châtiment du Seigneur ne tombe point sur une croyance, sur une différence dans le culte, ni sur aucune idolâtrie.

Si le Seigneur avait voulu punir l'idolâtrie, il aurait fait périr tous les Philistins qui osèrent prendre son arche, et qui adoraient Dagon ; mais il fit périr cinquante mille soixante et dix hommes de son peuple, pour avoir regardé l'arche qu'ils ne devaient pas regarder : tant les lois, les mœurs de ce temps, l'économie judaïque, diffèrent de tout ce que nous connaissons ; tant les voies inscrutables de Dieu sont au-dessus des nôtres. « La rigueur exercée, dit le judicieux dom Calmet, contre ce grand nombre d'hommes ne paraîtra excessive qu'à ceux qui n'ont pas compris jusqu'à quel point Dieu voulait être craint et respecté parmi son peuple, et qui ne jugent des vues et des desseins de Dieu qu'en suivant les faibles lumières de leur raison. »

Dieu ne punit donc pas un culte étranger, mais une profanation du sien, une curiosité, indiscrète, une désobéissance, peut-être même un esprit de révolte. On sent bien que de tels châtiments n'appartiennent qu'à Dieu dans la théocratie judaïque. On ne peut trop redire que ces temps et ces mœurs n'ont aucun rapport aux nôtres.

Enfin, lorsque, dans les siècles postérieurs, Naaman l'idolâtre demanda à Élisée s'il lui était permis de suivre son roi dans le temple de Remnon, *et d'y adorer avec lui,* ce même Élisée, qui avait fait dévorer les enfants par les ours, ne lui répondit-il pas : *Allez en paix* ?

Il y a bien plus ; le Seigneur ordonna à Jérémie de se mettre des cordes au cou, des colliers, et des jougs, de les envoyer aux roitelets ou melchim de Moab, d'Ammon, d'Édom, de Tyr, de Sidon ; et Jérémie leur fait dire par le Seigneur : « J'ai donné toutes vos terres à Nabuchodonosor, roi de Babylone, mon serviteur. » Voilà un roi idolâtre déclaré serviteur de Dieu et son favori.

Le même Jérémie, que le melk ou roitelet juif Sedecias avait fait mettre au cachot, ayant obtenu son pardon de Sedecias, lui conseille, de la part de Dieu, de se rendre au roi de Babylone : « Si vous allez vous rendre à ses officiers, dit-il, votre âme vivra. » Dieu prend donc enfin le parti d'un roi idolâtre ; il lui livre l'arche, dont la seule vue avait coûté la vie à cinquante mille soixante et dix Juifs ; il lui livre le Saint des saints, et le reste du temple, qui avait coûté à bâtir cent huit mille talents d'or, un million dix-sept mille talents en argent, et dix mille drachmes d'or, laissés par David et ses officiers pour la construction de la maison du Seigneur : ce qui, sans compter les deniers employés par Salomon, monte à la somme de dix-neuf milliards soixante-deux millions, ou environ, au cours de ce jour. Jamais idolâtrie ne fut plus récompensée. Je sais que ce compte est exagéré, qu'il y a probablement erreur de copiste ; mais réduisez la somme à la moitié, au quart, au huitième même, elle vous étonnera encore. On n'est guère moins surpris des richesses qu'Hérodote dit avoir vues dans le temple d'Éphèse. Enfin les trésors ne sont rien aux yeux de Dieu, et le nom de son serviteur, donné à Nabuchodonosor, est le vrai trésor inestimable.

Dieu ne favorise pas moins le *Kir*, ou *Koresh*, ou *Kosroès*, que nous appelons *Cyrus* ; il l'appelle *son christ, son oint*, quoiqu'il ne fût pas oint, selon la signification commune de ce mot, et qu'il suivît la religion de Zoroastre ; il l'appelle *son pasteur*, quoiqu'il fût usurpateur aux yeux des hommes : il n'y a pas dans toute la Sainte Écriture une plus grande marque de prédilection.

Vous voyez dans *Malachie* que « du levant au couchant le nom de Dieu est grand dans les nations, et qu'on lui offre partout des oblations pures ». Dieu a soin des Ninivites idolâtres comme des Juifs ; il les menace, et il leur pardonne. Melchisédech, qui n'était point Juif, était sacrificateur de Dieu. Balaam, idolâtre, était prophète. L'Écriture nous apprend donc que non seulement Dieu tolérait tous les autres peuples, mais qu'il en avait un soin paternel : et nous osons être intolérants !

Chapitre XIII

Extrême tolérance des Juifs

Ainsi donc, sous Moïse, sous les juges, sous les rois, vous voyez toujours des exemples de tolérance. Il y a bien plus : Moïse dit plusieurs fois que « Dieu punit les pères dans les enfants jusqu'à la quatrième génération » ; cette menace était nécessaire à un peuple à qui Dieu n'avait révélé ni l'immortalité de l'âme, ni les peines et les récompenses dans une autre vie. Ces vérités ne lui furent annoncées ni dans le *Décalogue*, ni dans aucune loi du *Lévitique* et du *Deutéronome*. C'étaient les dogmes des Perses, des Babyloniens, des Égyptiens, des Grecs, des Crétois ; mais ils ne constituaient nullement la religion des Juifs. Moïse ne dit point : « Honore ton père et ta mère, si tu veux aller au ciel » ; mais : « Honore ton père et ta mère, afin de vivre longtemps sur la terre. » Il ne les menace que de maux corporels, de la gale sèche, de la gale purulente, d'ulcères malins dans les genoux et dans les gras des jambes, d'être exposés aux infidélités de leurs femmes, d'emprunter à usure des étrangers, et de ne pouvoir prêter à usure ; de périr de famine, et d'être obligés de manger leurs enfants ; mais en aucun lieu il ne leur dit que leurs âmes immortelles subiront des tourments après la mort, ou goûteront des félicités. Dieu, qui conduisait lui-même son peuple, le punissait ou le récompensait immédiatement après ses bonnes ou ses mauvaises actions. Tout était temporel, et c'est une vérité dont Warburton abuse pour prouver que la loi des Juifs était divine : parce que Dieu même étant leur roi, rendant justice immédiatement après la transgression ou l'obéissance, n'avait pas besoin de leur révéler une doctrine qu'il réservait au temps où il ne gouvernerait plus son peuple. Ceux qui, par ignorance, prétendent que Moïse enseignait l'immortalité de l'âme ôtent au *Nouveau Testament* un de ses plus grands avantages sur l'*Ancien*. Il est constant que la loi de Moïse n'annonçait que des châtiments temporels jusqu'à la quatrième génération. Cependant, malgré l'énoncé précis de cette loi, malgré cette déclaration expresse de Dieu qu'il punirait jusqu'à la quatrième génération, Ézéchiel annonce tout le contraire aux Juifs, et leur dit que le fils ne portera point l'iniquité de son père ; il va même jusqu'à faire dire à Dieu qu'il leur avait donné « des préceptes qui n'étaient pas bons[32] ».

Le livre d'Ézéchiel n'en fut pas moins inséré dans le canon des auteurs inspirés de Dieu : il est vrai que la synagogue n'en permettait pas la lecture avant l'âge de trente ans, comme nous l'apprend saint Jérôme ; mais c'était de peur que la jeunesse n'abusât des peintures trop naïves qu'on trouve dans les chapitres XVI et XXIII du libertinage des deux sœurs Oolla et Ooliba. En un mot, son livre fut toujours reçu, malgré sa contradiction formelle avec Moïse.

Enfin, lorsque l'immortalité de l'âme fut un dogme reçu, ce qui probablement avait commencé dès le temps de la captivité de Babylone, la secte des saducéens persista toujours à croire qu'il n'y avait ni peines ni récompenses après la mort, et que la faculté de sentir et de penser périssait avec nous, comme la force active, le pouvoir de marcher et de digérer. Ils niaient l'existence des anges. Ils différaient beaucoup plus des autres Juifs que les protestants ne diffèrent des catholiques ; ils n'en demeurèrent pas moins dans la communion de leurs frères : on vit même des grands prêtres de leur secte.

Les pharisiens croyaient à la fatalité[33] et à la métempsycose[34]. Les esséniens pensaient que les âmes des justes allaient dans les îles fortunées[35], et celles des méchants dans une espèce de Tartare. Ils ne faisaient point de sacrifice ; ils s'assemblaient entre eux dans une synagogue particulière. En un mot, si l'on veut examiner de près le judaïsme, on sera étonné de trouver la plus grande tolérance au milieu des horreurs les plus barbares. C'est une contradiction ; il est vrai ; presque tous les peuples se sont gouvernés par des contradictions. Heureuse celle qui amène des mœurs douces quand on a des lois de sang !

Chapitre XIV

Si l'intolérance a été enseignée par Jésus-Christ

Voyons maintenant si Jésus-Christ a établi des lois sanguinaires, s'il a ordonné l'intolérance, s'il fit bâtir les cachots de l'Inquisition, s'il institua les bourreaux des *auto-da-fé*.

Il n'y a, si je ne me trompe, que peu de passages dans les *Évangiles* dont l'esprit persécuteur ait pu inférer que l'intolérance, la contrainte, sont légitimes. L'un est la parabole dans laquelle le royaume des cieux est comparé à un roi qui invite des convives aux noces de son fils ; ce monarque leur fait dire par ses serviteurs[36] : « J'ai tué mes bœufs et mes volailles ; tout est prêt, venez aux noces. » Les uns, sans se soucier de l'invitation, vont à leurs maisons de campagne, les autres à leur négoce ; d'autres outragent les domestiques du roi, et les tuent. Le roi fait marcher ses armées contre ces meurtriers, et détruit leur ville ; il envoie sur les grands chemins convier au festin tous ceux qu'on trouve : un d'eux s'étant mis à table sans avoir mis la robe nuptiale est chargé de fers, et jeté dans les ténèbres extérieures.

Il est clair que cette allégorie ne regardant que le royaume des cieux, nul homme assurément ne doit en prendre le droit de garrotter ou de mettre au cachot son voisin qui serait venu souper chez lui sans avoir un habit de noces convenables, et je ne connais dans l'histoire aucun prince qui ait fait pendre un courtisan pour un pareil sujet ; il n'est pas non plus à craindre que, quand l'empereur, ayant tué ses volailles, enverra des pages à des princes de l'empire pour les prier à souper, ces princes tuent ces pages. L'invitation au festin signifie la prédication du salut ; le meurtre des envoyés du prince figure la persécution contre ceux qui prêchent la sagesse et la vertu.

L'autre parabole[37] est celle d'un particulier qui invite ses amis à un grand souper, et lorsqu'il est prêt de se mettre à table, il envoie son domestique les avertir. L'un s'excuse sur ce qu'il a acheté une terre, et qu'il va la visiter : cette excuse ne paraît pas valable, ce n'est pas pendant la nuit qu'on va voir sa terre ; un autre dit qu'il a acheté cinq paires de bœufs, et qu'il les doit éprouver : il a le même tort que l'autre, on n'essaye pas des bœufs à l'heure du souper ; un troisième répond qu'il vient de se marier, et assurément son excuse est très recevable. Le père de famille, en colère, fait venir à son festin les aveugles et les boiteux, et, voyant qu'il reste encore des places vides, il dit à son valet : « Allez dans les grands chemins et le long des haies, et contraignez les gens d'entrer. »

Il est vrai qu'il n'est pas dit expressément que cette parabole soit une figure du royaume des cieux. On n'a que trop abusé de ces paroles : *Contrains-les d'entrer* ; mais il est visible qu'un seul valet ne peut contraindre par la force tous les gens qu'il rencontre à venir souper chez son maître ; et d'ailleurs, des convives ainsi forcés ne rendraient pas le repas fort agréable. *Contrains-les d'entrer* ne veut dire autre chose, selon les commentateurs les plus accrédités, sinon : priez, conjurez, pressez, obtenez. Quel rapport, je vous prie, de cette prière et de ce souper à la persécution ?

Si on prend les choses à la lettre, faudra-t-il être aveugle, boiteux, et conduit par force, pour être dans le sein de l'Église ? Jésus dit dans la même parabole : « Ne donnez à dîner ni à vos amis ni à vos parents riches » ; en a-t-on jamais inféré qu'on ne dût point en effet dîner avec ses parents et ses amis dès qu'ils ont un peu de fortune ?

Jésus-Christ, après la parabole du festin, dit : « Si quelqu'un vient à moi, et ne hait pas son père, sa mère, ses frères, ses sœurs, et même sa propre âme, il ne peut être mon disciple, etc. Car qui est celui d'entre vous qui, voulant bâtir une tour, ne suppute pas auparavant la dépense ? » Y a-t-il quelqu'un, dans le monde, assez dénaturé pour conclure qu'il faut haïr son père et sa mère ? Et ne comprend-on pas aisément que ces paroles signifient : Ne balancez pas entre moi et vos plus chères affections ?

On cite le passage de saint Matthieu : « Qui n'écoute point l'Église soit comme un païen et comme un receveur de la douane » ; cela ne dit pas absolument qu'on doive persécuter les païens et les fermiers des droits du roi : ils sont maudits, il est vrai, mais ils ne sont point livrés au bras séculier. Loin d'ôter à ces fermiers aucune prérogative de citoyen, on leur a donné les plus grands privilèges ; c'est la seule profession qui soit condamnée dans l'Écriture, et c'est la plus favorisée par les gouvernements. Pourquoi donc n'aurions-nous pas pour nos frères errants autant d'indulgence que nous prodiguons de considération à nos frères les traitants ?

Un autre passage dont on a fait un abus grossier est celui de saint Matthieu et de saint Marc, où il est dit que Jésus, ayant faim le matin, approcha d'un figuier où il ne trouva que des feuilles, car ce n'était pas le temps des figues : il maudit le figuier, qui se sécha aussitôt.

On donne plusieurs explications différentes de ce miracle ; mais y en a-t-il une seule qui puisse autoriser la persécution ? Un figuier n'a pu donner des figues vers le commencement de mars, on l'a séché : est-ce une raison pour faire sécher nos frères de douleur dans tous les temps de l'année ? Respectons dans l'Écriture tout ce qui peut faire naître des difficultés dans nos esprits curieux et vains, mais n'en abusons pas pour être durs et implacables.

L'esprit persécuteur, qui abuse de tout, cherche encore sa justification dans l'expulsion des marchands du temple, et dans la légion de démons envoyée du corps d'un possédé dans le corps de deux mille animaux immondes. Mais qui ne voit que ces deux exemples ne sont autre chose qu'une justice que Dieu daigne faire lui-même d'une contravention à la loi ? C'était manquer de respect à la maison du Seigneur que de changer son parvis en une boutique de marchands. En vain le sanhédrin et les prêtres permettaient ce négoce pour la commodité des sacrifices : le Dieu auquel on sacrifiait pouvait sans doute, quoique caché sous la figure humaine, détruire cette profanation ; il pouvait de même punir ceux qui introduisaient dans le pays des troupeaux entiers défendus par une loi dont il daignait lui-même être l'observateur. Ces exemples n'ont pas le moindre rapport aux persécutions sur le dogme. Il faut que l'esprit d'intolérance soit appuyé sur de bien mauvaises raisons, puisqu'il cherche partout les plus vains prétextes.

Presque tout le reste des paroles et des actions de Jésus-Christ prêche la douceur, la patience, l'indulgence. C'est le père de famille qui reçoit l'enfant prodigue ; c'est l'ouvrier qui vient à la dernière heure, et qui est payé comme les autres ; c'est le samaritain charitable ; lui-même justifie ses disciples de ne pas jeûner ;

il pardonne à la pécheresse ; il se contente de recommander la fidélité à la femme adultère ; il daigne même condescendre à l'innocente joie des convives de Cana, qui, étant déjà échauffés de vin, en demandent encore ; il veut bien faire un miracle en leur faveur, il change pour eux l'eau en vin.

Il n'éclate pas même contre Judas, qui doit le trahir ; il ordonne à Pierre de ne se jamais servir de l'épée ; il réprimande les enfants de Zébédée, qui, à l'exemple d'Élie, voulaient faire descendre le feu du ciel sur une ville qui n'avait pas voulu le loger.

Enfin il meurt victime de l'envie. Si l'on ose comparer le sacré avec le profane, et un Dieu avec un homme, sa mort, humainement parlant, a beaucoup de rapport avec celle de Socrate. Le philosophe grec périt par la haine des sophistes, des prêtres, et des premiers du peuple : le législateur des chrétiens succomba sous la haine des scribes, des pharisiens et des prêtres. Socrate pouvait éviter la mort, et il ne le voulut pas : Jésus-Christ s'offrit volontairement. Le philosophe grec pardonna non seulement à ses calomniateurs et à ses juges iniques, mais il les pria de traiter un jour ses enfants comme lui-même, s'ils étaient assez heureux pour mériter leur haine comme lui : le législateur des chrétiens, infiniment supérieur, pria son père de pardonner à ses ennemis.

Si Jésus-Christ sembla craindre la mort, si l'angoisse qu'il ressentit fut si extrême qu'il en eut une sueur mêlée de sang, ce qui est le symptôme le plus violent et le plus rare, c'est qu'il daigna s'abaisser à toute la faiblesse du corps humain, qu'il avait revêtu. Son corps tremblait, et son âme était inébranlable ; il nous apprenait que la vraie force, la vraie grandeur, consistent à supporter des maux sous lesquels notre nature succombe. Il y a un extrême courage à courir à la mort en la redoutant.

Socrate avait traité les sophistes d'ignorants, et les avait convaincus de mauvaise foi : Jésus, usant de ses droits divins, traita les scribes et les pharisiens d'hypocrites, d'insensés, d'aveugles, de méchants, de serpents, de race de vipères.

Socrate ne fut point accusé de vouloir fonder une secte nouvelle : on n'accusa point Jésus-Christ d'en avoir voulu introduire une. Il est dit que les princes des prêtres et tout le conseil cherchaient un faux témoignage contre Jésus pour le faire périr.

Or, s'ils cherchaient un faux témoignage, ils ne lui reprochaient donc pas d'avoir prêché publiquement contre la loi. Il fut en effet soumis à la loi de Moïse depuis son enfance jusqu'à sa mort. On le circoncit le huitième jour, comme tous les autres enfants. S'il fut depuis baptisé dans le Jourdain, c'était une cérémonie consacrée chez les Juifs, comme chez tous les peuples de l'Orient. Toutes les souillures légales se nettoyaient par le baptême ; c'est ainsi qu'on consacrait les prêtres : on se plongeait dans l'eau à la fête de l'expiation solennelle, on baptisait les prosélytes.

Jésus observa tous les points de la loi : il fêta tous les jours de sabbat ; il s'abstint des viandes défendues ; il célébra toutes les fêtes, et même, avant sa mort, il avait célébré la pâque ; on ne l'accusa ni d'aucune opinion nouvelle, ni d'avoir observé aucun rite étranger. Né Israélite, il vécut constamment en Israélite.

Deux témoins qui se présentèrent l'accusèrent d'avoir dit « qu'il pourrait détruire le temple et le rebâtir en trois jours ». Un tel discours était incompréhensible pour les Juifs charnels ; mais ce n'était pas une accusation de vouloir fonder une nouvelle secte.

Le grand prêtre l'interrogea, et lui dit : « Je vous commande par le Dieu vivant de nous dire si vous êtes le Christ fils de Dieu. » On ne nous apprend point ce que le grand prêtre entendait par fils de Dieu. On se servait quelquefois de cette expression pour signifier un juste[38], comme on employait les mots de *fils de Bélial* pour signifier un méchant. Les Juifs grossiers n'avaient aucune idée du mystère sacré d'un fils de Dieu, Dieu lui-même, venant sur la terre.

Jésus lui répondit : « Vous l'avez dit ; mais je vous dis que vous verrez bientôt le fils de l'homme assis à la droite de la vertu de Dieu, venant sur les nuées du ciel. »

Cette réponse fut regardée par le sanhédrin irrité comme un blasphème. Le sanhédrin n'avait plus le droit du glaive ; ils traduisirent Jésus devant le gouverneur romain de la province, et l'accusèrent calomnieusement d'être un perturbateur du repos public, qui disait qu'il ne fallait pas payer le tribut à César, et qui de plus se disait roi des Juifs. Il est donc de la plus grande évidence qu'il fut accusé d'un crime d'État.

Le gouverneur Pilate, ayant appris qu'il était Galiléen, le renvoya d'abord à Hérode, tétrarque de Galilée. Hérode crut qu'il était impossible que Jésus pût aspirer à se faire chef de parti, et prétendre à la royauté ; il le traita avec mépris, et le renvoya à Pilate, qui eut l'indigne faiblesse de le condamner pour apaiser le tumulte excité contre lui-même, d'autant plus qu'il avait essuyé déjà une révolte des Juifs, à ce que nous apprend Josèphe. Pilate n'eut pas la même générosité qu'eut depuis le gouverneur Festus.

Je demande à présent si c'est la tolérance ou l'intolérance qui est de droit divin ? Si vous voulez ressembler à Jésus-Christ, soyez martyrs, et non pas bourreaux.

Chapitre XV

Témoignages contre l'intolérance

C'est une impiété d'ôter, en matière de religion, la liberté aux hommes, d'empêcher qu'ils ne fassent choix d'une divinité : aucun homme, aucun dieu, ne voudrait d'un service forcé. (*Apologétique*, chap. XXIV.)

Si on usait de violence pour la défense de la foi, les évêques s'y opposeraient. (Saint Hilaire, liv. Ier.)

La religion forcée n'est plus religion : il faut persuader, et non contraindre. La religion ne se commande point. (Lactance, liv. III.)

C'est une exécrable hérésie de vouloir attirer par la force, par les coups, par les emprisonnements, ceux qu'on n'a pu convaincre par la raison. (Saint Athanase, liv. Ier.)

Rien n'est plus contraire à la religion que la contrainte. (Saint Justin, martyr, liv. V.)

Persécuterons-nous ceux que Dieu tolère ? dit saint Augustin, avant que sa querelle avec les donatistes l'eût rendu trop sévère.

Qu'on ne fasse aucune violence aux Juifs. (*Quatrième concile de Tolède*, cinquante-sixième canon.)

Conseillez, et ne forcez pas. (Lettre de saint Bernard.)

Nous ne prétendons point détruire les erreurs par la violence. *(Discours du clergé de France à Louis XIII.)*

Nous avons toujours désapprouvé les voies de rigueur. (*Assemblée du clergé*, 11 auguste 1560.)

Nous savons que la foi se persuade et ne se commande point. (Fléchier, évêque de Nîmes, *Lettre 19.*)

On ne doit pas même user de termes insultants. (L'évêque Du Bellay, dans une *Instruction pastorale.*)

Souvenez-vous que les maladies de l'âme ne se guérissent point par contrainte et par violence. (Le cardinal Le Camus, *Instruction pastorale* de 1688.)

Accordez à tous la tolérance civile. (Fénelon, archevêque de Cambrai, *au duc de Bourgogne.*)

L'exaction forcée d'une religion est une preuve évidente que l'esprit qui la conduit est un esprit ennemi de la vérité. (Dirois, docteur de Sorbonne, livre VI, chap. IV.)

La violence peut faire des hypocrites ; on ne persuade point quand on fait retentir partout les menaces. (Tillemont, *Histoire ecclésiastique*, t. VI.)

Il nous a paru conforme à l'équité et à la droite raison de marcher sur les traces de l'ancienne Église, qui n'a point usé de violence pour établir et étendre la religion. *(Remontrance du parlement de Paris à Henri II.)*

L'expérience nous apprend que la violence est plus capable d'irriter que de guérir un mal qui a sa racine dans l'esprit, etc. (De Thou, *Épître dédicatoire à Henri IV.*)

La foi ne s'inspire pas à coups d'épée. (Cerisiers, *Sur les règnes de Henri IV et de Louis XIII.*)

C'est un zèle barbare que celui qui prétend planter la religion dans les cœurs, comme si la persuasion pouvait être l'effet de la contrainte. (Boulainvilliers, *État de la France.*)

Il en est de la religion comme de l'amour : le commandement n'y peut rien, la contrainte encore moins ; rien de plus indépendant que d'aimer et de croire. (Amelot de La Houssaie, sur les *Lettres du cardinal d'Ossat.*)

Si le ciel vous a assez aimés pour vous faire voir la vérité, il vous a fait une grande grâce ; mais est-ce aux enfants qui ont l'héritage de leur père, de haïr ceux qui ne l'ont pas eu ? (*Esprit des lois,* liv. XXV.)

On pourrait faire un livre énorme, tout composé de pareils passages. Nos histoires, nos discours, nos sermons, nos ouvrages de morale, nos catéchismes respirent tous, enseignent tous aujourd'hui ce devoir sacré de l'indulgence. Par quelle fatalité, par quelle inconséquence démentirions-nous dans la pratique une théorie que nous annonçons tous les jours ? Quand nos actions démentent notre morale, c'est que nous croyons qu'il y a quelque avantage pour nous à faire le contraire de ce que nous enseignons ; mais certainement il n'y a aucun avantage à persécuter ceux qui ne sont pas de notre avis, et à nous en faire haïr. Il y a donc, encore une fois, de l'absurdité dans l'intolérance. Mais, dira-t-on, ceux qui ont intérêt à gêner les consciences ne sont point absurdes. C'est à eux que s'adresse le chapitre suivant.

Chapitre XVI

Dialogue entre un mourant
et un homme qui se porte bien

Un citoyen était à l'agonie dans une ville de province ; un homme en bonne santé vint insulter à ses derniers moments, et lui dit :

Misérable ! pense comme moi tout à l'heure : signe cet écrit, confesse que cinq propositions sont dans un livre que ni toi ni moi n'avons jamais lu ; sois tout à l'heure du sentiment de Lanfranc contre Bérenger, de saint Thomas contre saint Bonaventure ; embrasse le second concile de Nicée contre le concile de Francfort ; explique-moi dans l'instant comment ces paroles : « Mon Père est plus grand que moi » signifient expressément : « Je suis aussi grand que lui. »

Dis-moi comment le Père communique tout au Fils, excepté la paternité, ou je vais faire jeter ton corps à la voirie ; tes enfants n'hériteront point de toi, ta femme sera privée de sa dot, et ta famille mendiera du pain, que mes pareils ne lui donneront pas.

LE MOURANT : J'entends à peine ce que vous me dites ; les menaces que vous me faites parviennent confusément à mon oreille, elles troublent mon âme, elles rendent ma mort affreuse. Au nom de Dieu, ayez pitié de moi.

LE BARBARE : De la pitié ! je n'en puis avoir si tu n'es pas de mon avis en tout.

LE MOURANT : Hélas ! vous sentez qu'à ces derniers moments tous mes sens sont flétris, toutes les portes de mon entendement sont fermées, mes idées s'enfuient, ma pensée s'éteint. Suis-je en état de disputer ?

LE BARBARE : Hé bien, si tu ne peux pas croire ce que je veux, dis que tu le crois, et cela me suffit.

LE MOURANT : Comment puis-je me parjurer pour vous plaire ? Je vais paraître dans un moment devant le Dieu qui punit le parjure.

LE BARBARE : N'importe ; tu auras le plaisir d'être enterré dans un cimetière, et ta femme, tes enfants, auront de quoi vivre. Meurs en hypocrite ; l'hypocrisie est une bonne chose ; c'est, comme on dit, un hommage que le vice rend à la vertu. Un peu d'hypocrisie, mon ami, qu'est-ce que cela coûte ?

LE MOURANT : Hélas ! Vous méprisez Dieu, ou vous ne le reconnaissez pas, puisque vous me demandez un mensonge à l'article de la mort, vous qui devez bientôt recevoir votre jugement de lui, et qui répondrez de ce mensonge.

LE BARBARE : Comment, insolent ! je ne reconnais point Dieu !

LE MOURANT : Pardon, mon frère, je crains que vous n'en connaissiez pas. Celui que j'adore ranime en ce moment mes forces pour vous dire d'une voix mourante que, si vous croyez en Dieu, vous devez user envers moi de charité. Il m'a donné ma femme et mes enfants, ne les faites pas périr de misère. Pour mon corps, faites-en ce que vous voudrez : je vous l'abandonne ; mais croyez en Dieu, je vous en conjure.

LE BARBARE : Fais, sans raisonner, ce que je t'ai dit ; je le veux, je te l'ordonne.

LE MOURANT : Et quel intérêt avez-vous à me tant tourmenter ?

LE BARBARE : Comment ! quel intérêt ? Si j'ai ta signature, elle me vaudra un bon canonicat.

LE MOURANT : Ah ! mon frère ! voici mon dernier moment ; je meurs, je vais prier Dieu qu'il vous touche et qu'il vous convertisse.

LE BARBARE : Au diable soit l'impertinent, qui n'a point signé ! Je vais signer pour lui et contrefaire son écriture.

La lettre suivante est une confirmation de la même morale.

Chapitre XVII

Lettre écrite au jésuite Le Tellier, par un bénéficier, le 6 mai 1714[39]

Mon Révérend Père,

J'obéis aux ordres que Votre Révérence m'a donnés de lui présenter les moyens les plus propres de délivrer Jésus et sa Compagnie de leurs ennemis. Je crois qu'il ne reste plus que cinq cent mille huguenots dans le royaume, quelques-uns disent un million, d'autres quinze cent mille ; mais en quelque nombre qu'ils soient, voici mon avis, que je soumets très humblement au vôtre, comme je le dois.

1° Il est aisé d'attraper en un jour tous les prédicants et de les pendre tous à la fois dans une même place, non seulement pour l'édification publique, mais pour la beauté du spectacle.

2° Je ferais assassiner dans leur lit tous les pères et mères, parce que si on les tuait dans les rues, cela pourrait causer quelque tumulte ; plusieurs même pourraient se sauver, ce qu'il faut éviter sur toute chose. Cette exécution est un corollaire nécessaire de nos principes : car, s'il faut tuer un hérétique, comme tant de grands théologiens le prouvent, il est évident qu'il faut les tuer tous.

3° Je marierais le lendemain toutes les filles à de bons catholiques, attendu qu'il ne faut pas dépeupler trop l'État après la dernière guerre ; mais à l'égard des garçons de quatorze et quinze ans, déjà imbus de mauvais principes, qu'on ne peut se flatter de détruire, mon opinion est qu'il faut les châtrer tous, afin que cette engeance ne soit jamais reproduite. Pour les autres petits garçons, ils seront élevés dans vos collèges, et on les fouettera jusqu'à ce qu'ils sachent par cœur les ouvrages de Sánchez et de Molina.

4° Je pense, sauf correction, qu'il en faut faire autant à tous les luthériens d'Alsace, attendu que dans l'année 1704, j'aperçus deux vieilles de ce pays-là qui riaient le jour de la bataille d'Hochstedt.

5° L'article des jansénistes paraîtra peut-être un peu plus embarrassant : je les crois au nombre de six millions au moins ; mais un esprit tel que le vôtre ne doit pas s'en effrayer. Je comprends parmi les jansénistes tous les parlements, qui soutiennent si indignement les libertés de l'Église gallicane. C'est à Votre Révérence de peser, avec sa prudence ordinaire, les moyens de vous soumettre tous ces esprits revêches. La conspiration des poudres n'eut pas le succès désiré, parce qu'un des conjurés eut l'indiscrétion de vouloir sauver la vie à son ami ; mais, comme vous n'avez point d'ami, le même inconvénient n'est point à craindre : il vous sera fort aisé de faire sauter tous les parlements du royaume avec cette invention du moine Schwartz, qu'on appelle *pulvis pyrius*. Je calcule qu'il faut, l'un portant l'autre, trente-six tonneaux de poudre pour chaque parlement, et ainsi, en multipliant douze parlements par trente-six tonneaux, cela ne compose que quatre cent trente-deux tonneaux, qui, à cent écus pièce, font la somme de cent vingt-neuf mille six cents livres : c'est une bagatelle pour le révérend père général.

Les parlements une fois sautés, vous donnerez leurs charges à vos congréganistes, qui sont parfaitement instruits des lois du royaume.

6° Il sera aisé d'empoisonner M. le cardinal de Noailles, qui est un homme simple, et qui ne se défie de rien.

Votre Révérence emploiera les mêmes moyens de conversion auprès de quelques évêques rénitents ; leurs évêchés seront mis entre les mains des jésuites, moyennant un bref du pape : alors tous les évêques étant du parti de la bonne cause, et tous les curés étant habilement choisis par les évêques, voici ce que je conseille, sous le bon plaisir de Votre Révérence.

7° Comme on dit que les jansénistes communient au moins à Pâques, il ne serait pas mal de saupoudrer les hosties de la drogue dont on se servit pour faire justice de l'empereur Henri VII. Quelque critique me dira peut-être qu'on risquerait, dans cette opération, de donner aussi la mort-aux-rats aux molinistes : cette objection est forte ; mais il n'y a point de projet qui n'ait des inconvénients, point de système qui ne menace ruine par quelque endroit. Si on était arrêté par ces petites difficultés, on ne viendrait jamais à bout de rien ; et d'ailleurs, comme il s'agit de procurer le plus grand bien qu'il soit possible, il ne faut pas se scandaliser si ce grand bien entraîne après lui quelques mauvaises suites, qui ne sont de nulle considération.

Nous n'avons rien à nous reprocher : il est démontré que tous les prétendus réformés, tous les jansénistes sont dévolus à l'enfer ; ainsi ne faisons-nous que hâter le moment où ils doivent entrer en possession.

Il n'est pas moins clair que le paradis appartient de droit aux molinistes : donc, en les faisant périr par mégarde et sans aucune mauvaise intention, nous accélérons leur joie ; nous sommes dans l'un et l'autre cas les ministres de la Providence.

Quant à ceux qui pourraient être un peu effarouchés du nombre, Votre Paternité pourra leur faire remarquer que depuis les jours florissants de l'Église jusqu'à 1707, c'est-à-dire depuis environ quatorze cents ans, la théologie a procuré le massacre de plus de cinquante millions d'hommes ; et que je ne propose d'en étrangler, ou égorger, ou empoisonner, qu'environ six millions cinq cent mille.

On nous objectera peut-être encore que mon compte n'est pas juste, et que je viole la règle de trois : car dira-t-on, si en quatorze cents ans il n'a péri que cinquante millions d'hommes pour des distinctions, des dilemmes et des antilemmes théologiques, cela ne fait par année que trente-cinq mille sept cent quatorze personnes avec fraction, et qu'ainsi je tue six millions quatre cent soixante-quatre mille deux cent quatre-vingt-cinq personnes de trop avec fraction pour la présente année.

Mais, en vérité, cette chicane est bien puérile ; on peut même dire qu'elle est impie : car ne voit-on pas, par mon procédé, que je sauve la vie à tous les catholiques jusqu'à la fin du monde ? On n'aurait jamais fait, si on voulait répondre à toutes les critiques. Je suis avec un profond respect de Votre Paternité.

Le très humble, très dévot et très doux R[40]*…*
natif d'Angoulême, préfet de la Congrégation.

Ce projet ne put être exécuté, parce que le P. Le Tellier trouva quelques difficultés, et que Sa Paternité fut exilée l'année suivante. Mais comme il faut examiner le pour et le contre, il paraît qu'il est bon de rechercher dans quel cas on pourrait légitimement suivre en partie les vues du correspondant du P. Le Tellier. Il paraît qu'il serait dur d'exécuter ce projet dans tous ses points ; mais il faut voir dans quelles occasions on doit rouer ou pendre, ou mettre aux galères les gens qui ne sont pas de notre avis : c'est l'objet de l'article suivant.

Chapitre XVIII

Seuls cas où l'intolérance est de droit humain

Pour qu'un gouvernement ne soit pas en droit de punir les erreurs des hommes, il est nécessaire que ces erreurs ne soient pas des crimes ; elles ne sont des crimes que quand elles troublent la société : elles troublent cette société dès qu'elles inspirent le fanatisme ; il faut donc que les hommes commencent par n'être pas fanatiques pour mériter la tolérance.

Si quelques jeunes jésuites, sachant que l'Église a les réprouvés en horreur, que les jansénistes sont condamnés par une bulle, qu'ainsi les jansénistes sont réprouvés, s'en vont brûler une maison des Pères de l'Oratoire parce que Quesnel l'oratorien était janséniste, il est clair qu'on sera bien obligé de punir ces jésuites.

De même, s'ils ont débité des maximes coupables, si leur institut est contraire aux lois du royaume, on ne peut s'empêcher de dissoudre leur compagnie, et d'abolir les jésuites pour en faire des citoyens ; ce qui au fond est un mal imaginaire, et un bien réel pour eux, car où est le mal de porter un habit court au lieu d'une soutane, et d'être libre au lieu d'être esclave ? On réforme à la paix des régiments entiers, qui ne se plaignent pas : pourquoi les jésuites poussent-ils de si hauts cris quand on les réforme pour avoir la paix ?

Que les cordeliers, transportés d'un saint zèle pour la vierge Marie, aillent démolir l'église des jacobins, qui pensent que Marie est née dans le péché originel, on sera obligé alors de traiter les cordeliers à peu près comme les jésuites.

On en dira autant des luthériens et des calvinistes. Ils auront beau dire : Nous suivons les mouvements de notre conscience, il vaut mieux obéir à Dieu qu'aux hommes[41] ; nous sommes le vrai troupeau, nous devons exterminer les loups ; il est évident qu'alors ils sont loups eux-mêmes.

Un des plus étonnants exemples de fanatisme a été une petite secte au Danemark, dont le principe était le meilleur du monde. Ces gens-là voulaient procurer le salut éternel à leurs frères ; mais les conséquences de ce principe étaient singulières. Ils savaient que tous les petits enfants qui meurent sans baptême sont damnés, et que ceux qui ont le bonheur de mourir immédiatement après avoir reçu le baptême jouissent de la gloire éternelle : ils allaient égorgeant les garçons et les filles nouvellement baptisés qu'ils pouvaient rencontrer ; c'était sans doute leur faire le plus grand bien qu'on pût leur procurer : on les préservait à la fois du péché, des misères de cette vie, et de l'enfer ; on les envoyait infailliblement au ciel. Mais ces gens charitables ne considéraient pas qu'il n'est pas permis de faire un petit mal pour un grand bien ; qu'ils n'avaient aucun droit sur la vie de ces petits enfants ; que la plupart des pères et mères sont assez charnels pour aimer mieux avoir auprès d'eux leurs fils et leurs filles que de les voir égorger pour aller en paradis, et qu'en un mot, le magistrat doit punir l'homicide, quoiqu'il soit fait à bonne intention.

Les Juifs sembleraient avoir plus de droit que personne de nous voler et de nous tuer : car bien qu'il y ait cent exemples de tolérance dans l'*Ancien Testament*, cependant il y a aussi quelques exemples et quelques lois de rigueur. Dieu leur a ordonné quelquefois de tuer les idolâtres, et de ne réserver que les filles nubiles : ils nous regardent comme idolâtres, et, quoique nous les tolérions aujourd'hui, ils pourraient bien, s'ils étaient les maîtres, ne laisser au monde que nos filles.

Ils seraient surtout dans l'obligation indispensable d'assassiner tous les Turcs, cela va sans difficulté : car les Turcs possèdent le pays des Éthéens, des Jébuséens, des Amorrhéens, Jersénéens, Hévéens, Aracéens, Cinéens, Hamatéens, Samaréens : tous ces peuples furent dévoués à l'anathème ; leur pays, qui était de plus de vingt-cinq lieues de long, fut donné aux Juifs par plusieurs pactes consécutifs ; ils doivent rentrer dans leur bien ; les mahométans en sont les usurpateurs depuis plus de mille ans.

Si les Juifs raisonnaient ainsi aujourd'hui, il est clair qu'il n'y aurait d'autre réponse à leur faire que de les mettre aux galères.

Ce sont à peu près les seuls cas où l'intolérance paraît raisonnable.

Chapitre XIX

Relation d'une dispute
de controverse à la Chine

Dans les premières années du règne du grand empereur Kang-hi, un mandarin de la ville de Kanton entendit de sa maison un grand bruit qu'on faisait dans la maison voisine : il s'informa si l'on ne tuait personne ; on lui dit que c'était l'aumônier de la compagnie danoise, un chapelain de Batavia, et un jésuite qui disputaient ; il les fit venir, leur fit servir du thé et des confitures, et leur demanda pourquoi ils se querellaient.

Le jésuite lui répondit qu'il était bien douloureux pour lui, qui avait toujours raison, d'avoir affaire à des gens qui avaient toujours tort ; que d'abord, il avait argumenté avec la plus grande retenue, mais qu'enfin la patience lui avait échappé.

Le mandarin leur fit sentir, avec toute la discrétion possible, combien la politesse est nécessaire dans la dispute, leur dit qu'on ne se fâchait jamais à la Chine, et leur demanda de quoi il s'agissait.

Le jésuite lui répondit : « Monseigneur, je vous en fais juge ; ces deux messieurs refusent de se soumettre aux décisions du concile de Trente.

— Cela m'étonne », dit le mandarin. Puis se tournant vers les deux réfractaires : « Il me paraît, leur dit-il, Messieurs, que vous devriez respecter les avis d'une

101

grande assemblée ; je ne sais pas ce que c'est que le concile de Trente ; mais plusieurs personnes sont toujours plus instruites qu'une seule. Nul ne doit croire qu'il en sait plus que les autres, et que la raison n'habite que dans sa tête ; c'est ainsi que l'enseigne notre grand Confucius ; et si vous m'en croyez, vous ferez très bien de vous en rapporter au concile de Trente. »

Le Danois prit alors la parole, et dit : « Monseigneur parle avec la plus grande sagesse ; nous respectons les grandes assemblées comme nous le devons ; aussi sommes-nous entièrement de l'avis de plusieurs assemblées qui se sont tenues avant celle de Trente.

— Oh ! si cela est ainsi, dit le mandarin, je vous demande pardon, vous pourriez bien avoir raison. Çà, vous êtes donc du même avis, ce Hollandais et vous, contre ce pauvre jésuite ?

— Point du tout, dit le Hollandais ; cet homme-ci a des opinions presque aussi extravagantes que celles de ce jésuite, qui fait ici le doucereux avec vous ; il n'y a pas moyen d'y tenir.

— Je ne vous conçois pas, dit le mandarin ; n'êtes-vous pas tous trois chrétiens ? Ne venez-vous pas tous trois enseigner le christianisme dans notre empire ? Et ne devez-vous pas par conséquent avoir les mêmes dogmes ?

— Vous voyez, Monseigneur, dit le jésuite ; ces deux gens-ci sont ennemis mortels, et disputent tous deux contre moi : il est donc évident qu'ils ont tous les deux tort, et que la raison n'est que de mon côté.

— Cela n'est pas évident, dit le mandarin ; il se pourrait faire à toute force que vous eussiez tort tous trois ; je serais curieux de vous entendre l'un après l'autre. »

Le jésuite fit alors un assez long discours, pendant lequel le Danois et le Hollandais levaient les épaules ;

le mandarin n'y comprit rien. Le Danois parla à son tour ; ses deux adversaires le regardèrent en pitié, et le mandarin n'y comprit pas davantage. Le Hollandais eut le même sort. Enfin ils parlèrent tous trois ensemble, ils se dirent de grosses injures. L'honnête mandarin eut bien de la peine à mettre le holà, et leur dit : « Si vous voulez qu'on tolère ici votre doctrine, commencez par n'être ni intolérants ni intolérables. »

Au sortir de l'audience, le jésuite rencontra un missionnaire jacobin ; il lui apprit qu'il avait gagné sa cause, l'assurant que la vérité triomphait toujours. Le jacobin lui dit : « Si j'avais été là, vous ne l'auriez pas gagnée ; je vous aurais convaincu de mensonge et d'idolâtrie. » La querelle s'échauffa ; le jacobin et le jésuite se prirent aux cheveux. Le mandarin, informé du scandale, les envoya tous deux en prison. Un sous-mandarin dit au juge : « Combien de temps Votre Excellence veut-elle qu'ils soient aux arrêts ? — Jusqu'à ce qu'ils soient d'accord, dit le juge. — Ah ! dit le sous-mandarin, ils seront donc en prison toute leur vie. — Hé bien ! dit le juge, jusqu'à ce qu'ils se pardonnent. — Ils ne se pardonneront jamais, dit l'autre, je les connais bien. — Hé bien ! donc, dit le mandarin, jusqu'à ce qu'ils fassent semblant de se pardonner. »

Chapitre XX

S'il est utile d'entretenir le peuple dans la superstition

Telle est la faiblesse du genre humain, et telle est sa perversité, qu'il vaut mieux sans doute pour lui d'être subjugué par toutes les superstitions possibles, pourvu qu'elles ne soient pas meurtrières, que de vivre sans religion. L'homme a toujours eu besoin d'un frein, et quoiqu'il fût ridicule de sacrifier aux faunes, aux sylvains, aux naïades, il était bien plus raisonnable et plus utile d'adorer ces images fantastiques de la Divinité que de se livrer à l'athéisme. Un athée qui serait raisonneur, violent et puissant, serait un fléau aussi funeste qu'un superstitieux sanguinaire.

Quand les hommes n'ont pas de notions saines de la Divinité, les idées fausses y suppléent, comme dans les temps malheureux on trafique avec de la mauvaise monnaie, quand on n'en a pas de bonne. Le païen craignait de commettre un crime, de peur d'être puni par les faux dieux ; le Malabare craint d'être puni par sa pagode. Partout où il y a une société établie, une religion est nécessaire ; les lois veillent sur les crimes connus, et la religion sur les crimes secrets.

Mais lorsqu'une fois les hommes sont parvenus à embrasser une religion pure et sainte, la superstition devient non seulement inutile, mais très dangereuse.

On ne doit pas chercher à nourrir de gland ceux que Dieu daigne nourrir de pain.

La superstition est à la religion ce que l'astrologie est à l'astronomie, la fille très folle d'une mère très sage. Ces deux filles ont longtemps subjugué toute la terre.

Lorsque, dans nos siècles de barbarie, il y avait à peine deux seigneurs féodaux qui eussent chez eux un *Nouveau Testament*, il pouvait être pardonnable de présenter des fables au vulgaire, c'est-à-dire à ces seigneurs féodaux, à leurs femmes imbéciles, et aux brutes leurs vassaux ; on leur faisait croire que saint Christophe avait porté l'enfant Jésus du bord d'une rivière à l'autre ; on les repaissait d'histoires de sorciers et de possédés ; ils imaginaient aisément que saint Genou guérissait de la goutte, et que sainte Claire guérissait les yeux malades. Les enfants croyaient au loup-garou, et les pères au cordon de saint François. Le nombre des reliques était innombrable.

La rouille de tant de superstitions a subsisté encore quelque temps chez les peuples, lors même qu'enfin la religion fut épurée. On sait que quand M. de Noailles, évêque de Châlons, fit enlever et jeter au feu la prétendue relique du saint nombril de Jésus-Christ, toute la ville de Châlons lui fit un procès ; mais il eut autant de courage que de piété, et il parvint bientôt à faire croire aux Champenois qu'on pouvait adorer Jésus-Christ en esprit et en vérité, sans avoir son nombril dans une église.

Ceux qu'on appelait *jansénistes* ne contribuèrent pas peu à déraciner insensiblement dans l'esprit de la nation la plupart des fausses idées qui déshonoraient la religion chrétienne. On cessa de croire qu'il suffisait de réciter l'oraison des trente jours à la vierge Marie pour obtenir tout ce qu'on voulait et pour pécher impunément.

Enfin la bourgeoisie a commencé à soupçonner que ce n'était pas sainte Geneviève qui donnait ou arrêtait la pluie, mais que c'était Dieu lui-même qui disposait des éléments. Les moines ont été étonnés que leurs saints ne fissent plus de miracles ; et si les écrivains de la *Vie de saint François Xavier* revenaient au monde, ils n'oseraient pas écrire que ce saint ressuscita neuf morts, qu'il se trouva en même temps sur mer et sur terre, et que son crucifix étant tombé dans la mer un cancre vint le lui rapporter.

Il en a été de même des excommunications. Nos historiens nous disent que lorsque le roi Robert eut été excommunié par le pape Grégoire V, pour avoir épousé la princesse Berthe sa commère, ses domestiques jetaient par les fenêtres les viandes qu'on avait servies au roi, et que la reine Berthe accoucha d'une oie en punition de ce mariage incestueux. On doute aujourd'hui que les maîtres d'hôtel d'un roi de France excommunié jetassent son dîner par la fenêtre, et que la reine mît au monde un oison en pareil cas.

S'il y a quelques convulsionnaires dans un coin d'un faubourg, c'est une maladie pédiculaire dont il n'y a que la plus vile populace qui soit attaquée. Chaque jour la raison pénètre en France, dans les boutiques des marchands comme dans les hôtels des seigneurs. Il faut donc cultiver les fruits de cette raison, d'autant plus qu'il est impossible de les empêcher d'éclore. On ne peut gouverner la France, après qu'elle a été éclairée par les Pascal, les Nicole, les Arnauld, les Bossuet, les Descartes, les Gassendi, les Bayle, les Fontenelle, etc., comme on la gouvernait du temps des Garasse et des Menot.

Si les maîtres d'erreurs, je dis les grands maîtres, si longtemps payés et honorés pour abrutir l'espèce humaine, ordonnaient aujourd'hui de croire que le grain doit pourrir pour germer ; que la terre est immobile sur ses fondements, qu'elle ne tourne point autour du soleil ; que les marées ne sont pas un effet naturel de la gravitation, que l'arc-en-ciel n'est pas formé par la réfraction et la réflexion des rayons de la lumière, etc., et s'ils se fondaient sur des passages mal entendus de la Sainte Écriture pour appuyer leurs ordonnances, comment seraient-ils regardés par tous les hommes instruits ? Le terme de *bêtes* serait-il trop fort ? Et si ces sages maîtres se servaient de la force et de la persécution pour faire régner leur ignorance insolente, le terme de *bêtes farouches* serait-il déplacé ?

Plus les superstitions des moines sont méprisées, plus les évêques sont respectés, et les curés considérés : ils ne font que du bien, et les superstitions monacales ultramontaines feraient beaucoup de mal. Mais de toutes les superstitions, la plus dangereuse, n'est-ce pas celle de haïr son prochain pour ses opinions ? Et n'est-il pas évident qu'il serait encore plus raisonnable d'adorer le saint nombril, le saint prépuce, le lait et la robe de la vierge Marie, que de détester et de persécuter son frère ?

Chapitre XXI

Vertu vaut mieux que science

Moins de dogmes, moins de disputes ; et moins de disputes, moins de malheurs : si cela n'est pas vrai, j'ai tort.

La religion est instituée pour nous rendre heureux dans cette vie et dans l'autre. Que faut-il pour être heureux dans la vie à venir ? être juste.

Pour être heureux dans celle-ci, autant que le permet la misère de notre nature, que faut-il ? être indulgent.

Ce serait le comble de la folie de prétendre amener tous les hommes à penser d'une manière uniforme sur la métaphysique. On pourrait beaucoup plus aisément subjuguer l'univers entier par les armes que subjuguer tous les esprits d'une seule ville.

Euclide est venu aisément à bout de persuader à tous les hommes les vérités de la géométrie : pourquoi ? parce qu'il n'y en a pas une qui ne soit un corollaire évident de ce petit axiome : *deux et deux font quatre*. Il n'en est pas tout à fait de même dans le mélange de la métaphysique et de la théologie.

Lorsque l'évêque Alexandre et le prêtre Arios ou Arius commencèrent à disputer sur la manière dont le *Logos* était une émanation du Père, l'empereur Constantin leur écrivit d'abord ces paroles rapportées par Eusèbe et par Socrate : « Vous êtes de grands fous de disputer sur des choses que vous ne pouvez entendre. »

Si les deux partis avaient été assez sages pour convenir que l'empereur avait raison, le monde chrétien
n'aurait pas été ensanglanté pendant trois cents années.

Qu'y a-t-il en effet de plus fou et de plus horrible
que de dire aux hommes : « Mes amis, ce n'est pas assez
d'être des sujets fidèles, des enfants soumis, des pères
tendres, des voisins équitables, de pratiquer toutes les
vertus, de cultiver l'amitié, de fuir l'ingratitude, d'adorer Jésus-Christ en paix : il faut encore que vous sa-
chiez comment on est engendré de toute éternité ; et si
vous ne savez pas distinguer l'*omousion* dans l'hypostase,
nous vous dénonçons que vous serez brûlés à jamais ;
et, en attendant, nous allons commencer par vous
égorger » ?

Si on avait présenté une telle décision à un Archi-
mède, à un Posidonius, à un Varron, à un Caton, à un
Cicéron, qu'auraient-ils répondu ?

Constantin ne persévéra point dans sa résolution
d'imposer silence aux deux partis : il pouvait faire
venir les chefs de l'ergotisme dans son palais ; il pouvait leur demander par quelle autorité ils troublaient le
monde : « Avez-vous les titres de la famille divine ? Que
vous importe que le *Logos* soit fait ou engendré, pourvu
qu'on lui soit fidèle, pourvu qu'on prêche une bonne
morale, et qu'on la pratique si on peut ? J'ai commis
bien des fautes dans ma vie, et vous aussi ; vous êtes
ambitieux, et moi aussi ; l'empire m'a coûté des four-
beries et des cruautés ; j'ai assassiné presque tous mes
proches ; je m'en repens : je veux expier mes crimes en
rendant l'empire romain tranquille, ne m'empêchez
pas de faire le seul bien qui puisse faire oublier mes
anciennes barbaries ; aidez-moi à finir mes jours en
paix. » Peut-être n'aurait-il rien gagné sur les dispu-
teurs ; peut-être fut-il flatté de présider à un concile en
long habit rouge, la tête chargée de pierreries.

Voilà pourtant ce qui ouvrit la porte à tous ces fléaux qui vinrent de l'Asie inonder l'Occident. Il sortit de chaque verset contesté une furie armée d'un sophisme et d'un poignard, qui rendit tous les hommes insensés et cruels. Les Huns, les Hérules, les Goths et les Vandales, qui survinrent, firent infiniment moins de mal, et le plus grand qu'ils firent fut de se prêter enfin eux-mêmes à ces disputes fatales.

Chapitre XXII

De la tolérance universelle

Il ne faut pas un grand art, une éloquence bien recherchée, pour prouver que des chrétiens doivent se tolérer les uns les autres. Je vais plus loin : je vous dis qu'il faut regarder tous les hommes comme nos frères. Quoi ! mon frère le Turc ? mon frère le Chinois ? le Juif ? le Siamois ? Oui, sans doute ; ne sommes-nous pas tous enfants du même père, et créatures du même Dieu ?

Mais ces peuples nous méprisent ; mais ils nous traitent d'idolâtres ! Hé bien ! je leur dirai qu'ils ont grand tort. Il me semble que je pourrais étonner au moins l'orgueilleuse opiniâtreté d'un iman ou d'un talapoin, si je leur parlais à peu près ainsi :

« Ce petit globe, qui n'est qu'un point, roule dans l'espace, ainsi que tant d'autres globes ; nous sommes perdus dans cette immensité. L'homme, haut d'environ cinq pieds, est assurément peu de chose dans la création. Un de ces êtres imperceptibles dit à quelques-uns de ses voisins, dans l'Arabie ou dans la Cafrerie : « Écoutez-moi, car le Dieu de tous ces mondes m'a « éclairé : il y a neuf cents millions de petites fourmis « comme nous sur la terre, mais il n'y a que ma four- « milière qui soit chère à Dieu ; toutes les autres lui « sont en horreur de toute éternité ; elle sera seule

111

« heureuse, et toutes les autres seront éternellement
« infortunées. »

Ils m'arrêteraient alors, et me demanderaient quel
est le fou qui a dit cette sottise. Je serais obligé de leur
répondre : « C'est vous-mêmes. » Je tâcherais ensuite
de les adoucir ; mais cela serait bien difficile.

Je parlerais maintenant aux chrétiens, et j'oserais
dire, par exemple, à un dominicain inquisiteur pour
la foi : « Mon frère, vous savez que chaque province
d'Italie a son jargon, et qu'on ne parle point à Venise
et à Bergame comme à Florence. L'Académie de la
Crusca a fixé la langue ; son dictionnaire est une
règle dont on ne doit pas s'écarter, et la *Grammaire* de
Buonmattei est un guide infaillible qu'il faut suivre ;
mais croyez-vous que le consul de l'Académie, et en
son absence Buonmattei, auraient pu en conscience
faire couper la langue à tous les Vénitiens et à tous
les Bergamasques qui auraient persisté dans leur
patois ? »

L'inquisiteur me répond : « Il y a bien de la différence ; il s'agit ici du salut de votre âme : c'est pour
votre bien que le directoire de l'Inquisition ordonne
qu'on vous saisisse sur la déposition d'une seule personne, fût-elle infâme et reprise de justice ; que vous
n'ayez point d'avocat pour vous défendre ; que le nom
de votre accusateur ne vous soit pas seulement connu ;
que l'inquisiteur vous promette grâce, et ensuite vous
condamne ; qu'il vous applique à cinq tortures différentes, et qu'ensuite vous soyez ou fouetté, ou mis aux
galères, ou brûlé en cérémonie. Le P. Ivonet, le docteur Cuchalon, Zanchinus, Campegius, Roias, Felynus,
Gomarus, Diabarus, Gemelinus[42], y sont formels, et cette
pieuse pratique ne peut souffrir de contradiction. »

Je prendrais la liberté de lui répondre : « Mon frère,
peut-être avez-vous raison ; je suis convaincu du bien

que vous voulez me faire ; mais ne pourrais-je pas être sauvé sans tout cela ? »

Il est vrai que ces horreurs absurdes ne souillent pas tous les jours la face de la terre ; mais elles ont été fréquentes, et on en composerait aisément un volume beaucoup plus gros que les évangiles qui les réprouvent. Non seulement il est bien cruel de persécuter dans cette courte vie ceux qui ne pensent pas comme nous, mais je ne sais s'il n'est pas bien hardi de prononcer leur damnation éternelle. Il me semble qu'il n'appartient guère à des atomes d'un moment, tels que nous sommes, de prévenir ainsi les arrêts du Créateur. Je suis bien loin de combattre cette sentence : « Hors de l'Église point de salut » ; je la respecte, ainsi que tout ce qu'elle enseigne, mais, en vérité, connaissons-nous toutes les voies de Dieu et toute l'étendue de ses miséricordes ? N'est-il pas permis d'espérer en lui autant, que de le craindre ? N'est-ce pas assez d'être fidèles à l'Église ? Faudra-t-il que chaque particulier usurpe les droits de la Divinité, et décide avant elle du sort éternel de tous les hommes ?

Quand nous portons le deuil d'un roi de Suède, ou de Danemark, ou d'Angleterre, ou de Prusse, disons-nous que nous portons le deuil d'un réprouvé qui brûle éternellement en enfer ? Il y a dans l'Europe quarante millions d'habitants qui ne sont pas de l'Église de Rome, dirons-nous à chacun d'eux : « Monsieur, attendu que vous êtes infailliblement damné, je ne veux ni manger, ni contracter, ni converser avec vous » ?

Quel est l'ambassadeur de France qui, étant présenté à l'audience du Grand Seigneur, se dira dans le fond de son cœur : Sa Hautesse sera infailliblement brûlée pendant toute l'éternité, parce qu'elle est soumise à la circoncision ? S'il croyait réellement que le Grand Seigneur est l'ennemi mortel de Dieu, et l'objet de sa vengeance, pourrait-il lui parler ? devrait-il être envoyé vers lui ? Avec quel homme pourrait-on commercer, quel devoir de la vie civile pourrait-on jamais remplir, si en effet on était convaincu de cette idée que l'on converse avec des réprouvés ?

Ô sectateurs d'un Dieu clément ! si vous aviez un cœur cruel ; si, en adorant celui dont toute la loi consistait en ces paroles : « Aimez Dieu et votre prochain », vous aviez surchargé cette loi pure et sainte de sophismes et de disputes incompréhensibles ; si vous aviez allumé la discorde, tantôt pour un mot nouveau, tantôt pour une seule lettre de l'alphabet ; si vous aviez attaché des peines éternelles à l'omission de quelques paroles, de quelques cérémonies que d'autres peuples ne pouvaient connaître, je vous dirais, en répandant des larmes sur le genre humain : « Transportez-vous avec moi au jour où tous les hommes seront jugés, et où Dieu rendra à chacun selon ses œuvres.

« Je vois tous les morts des siècles passés et du nôtre comparaître en sa présence. Êtes-vous bien sûrs que notre Créateur et notre Père dira au sage et vertueux Confucius, au législateur Solon, à Pythagore, à Zaleucus, à Socrate, à Platon, aux divins Antonins, au bon Trajan, à Titus, les délices du genre humain, à Épictète, à tant d'autres hommes, les modèles des hommes : Allez, monstres, allez subir des châtiments infinis en intensité et en durée ; que votre supplice soit éternel comme moi ! Et vous, mes bien-aimés, Jean Châtel, Ravaillac, Damiens, Cartouche, etc., qui êtes morts avec les formules prescrites, partagez à jamais à ma droite mon empire et ma félicité. »

Vous reculez d'horreur à ces paroles ; et, après qu'elles me sont échappées, je n'ai plus rien à vous dire.

Chapitre XXIII

Prière à Dieu

Ce n'est donc plus aux hommes que je m'adresse ; c'est à toi, Dieu de tous les êtres, de tous les mondes et de tous les temps : s'il est permis à de faibles créatures perdues dans l'immensité, et imperceptibles au reste de l'univers, d'oser te demander quelque chose, à toi qui as tout donné, à toi dont les décrets sont immuables comme éternels, daigne regarder en pitié les erreurs attachées à notre nature ; que ces erreurs ne fassent point nos calamités. Tu ne nous as point donné un cœur pour nous haïr, et des mains pour nous égorger ; fais que nous nous aidions mutuellement à supporter le fardeau d'une vie pénible et passagère ; que les petites différences entre les vêtements qui couvrent nos débiles corps, entre tous nos langages insuffisants, entre tous nos usages ridicules, entre toutes nos lois imparfaites, entre toutes nos opinions insensées, entre toutes nos conditions si disproportionnées à nos yeux, et si égales devant toi ; que toutes ces petites nuances qui distinguent les atomes appelés *hommes* ne soient pas des signaux de haine et de persécution ; que ceux qui allument des cierges en plein midi pour te célébrer supportent ceux qui se contentent de la lumière de ton soleil ; que ceux qui couvrent leur robe d'une toile blanche pour dire qu'il faut t'aimer ne détestent pas ceux qui disent la même chose sous un manteau de laine noire ; qu'il soit égal de t'adorer dans un jargon formé d'une ancienne langue ou dans un jargon plus nouveau ; que ceux dont l'habit est teint en rouge ou en violet, qui dominent sur une petite parcelle d'un petit tas de la boue de ce monde, et qui possèdent quelques fragments arrondis d'un certain métal, jouissent sans orgueil de ce qu'ils appellent *grandeur* et *richesse*, et que les autres les voient sans envie : car tu sais qu'il n'y a dans ces vanités ni de quoi envier, ni de quoi s'enorgueillir.

Puissent tous les hommes se souvenir qu'ils sont frères ! Qu'ils aient en horreur la tyrannie exercée sur les âmes, comme ils ont en exécration le brigandage qui ravit par la force le fruit du travail et de l'industrie paisible ! Si les fléaux de la guerre sont inévitables, ne nous haïssons pas, ne nous déchirons pas les uns les autres dans le sein de la paix, et employons l'instant de notre existence à bénir également en mille langages divers, depuis Siam jusqu'à la Californie, ta bonté qui nous a donné cet instant.

Chapitre XXIV
Post-scriptum

Tandis qu'on travaillait à cet ouvrage, dans l'unique dessein de rendre les hommes plus compatissants et plus doux, un autre homme écrivait dans un dessein tout contraire : car chacun a son opinion. Cet homme faisait imprimer un petit code de persécution, intitulé l'*Accord de la religion et de l'humanité* (c'est une faute de l'imprimeur : lisez *de l'inhumanité*).

L'auteur du saint libelle s'appuie sur saint Augustin, qui, après avoir prêché la douceur, prêcha enfin la persécution, attendu qu'il était alors le plus fort, et qu'il changeait souvent d'avis. Il cite aussi l'évêque de Meaux, Bossuet, qui persécuta le célèbre Fénelon, archevêque de Cambrai, coupable d'avoir imprimé que Dieu vaut bien la peine qu'on l'aime pour lui-même.

Bossuet était éloquent, je l'avoue ; l'évêque d'Hippone, quelquefois inconséquent, était plus disert que ne sont les autres Africains, je l'avoue encore ; mais je prendrai la liberté de dire à l'auteur de ce saint libelle, avec Armande, dans *les Femmes savantes* :

> *Quand sur une personne on prétend se régler,*
> *C'est par les beaux côtés qu'il lui faut ressembler.*

(Acte I, scène I.)

Je dirai à l'évêque d'Hippone : Monseigneur, vous avez changé d'avis, permettez-moi de m'en tenir à votre première opinion ; en vérité, je la crois meilleure.

Je dirai à l'évêque de Meaux : Monseigneur, vous êtes un grand homme : je vous trouve aussi savant pour le moins, que saint Augustin, et beaucoup plus éloquent ; mais pourquoi tant tourmenter votre confrère, qui était aussi éloquent que vous dans un autre genre, et qui était plus aimable ?

L'auteur du saint libelle sur l'inhumanité n'est ni un Bossuet ni un Augustin ; il me paraît tout propre à faire un excellent inquisiteur : je voudrais qu'il fût à Goa à la tête de ce beau tribunal. Il est, de plus, homme d'État, et il étale de grands principes de politique. « S'il y a chez vous, dit-il, beaucoup d'hétérodoxes, ménagez-les, persuadez-les ; s'il n'y en a qu'un petit nombre, mettez en usage la potence et les galères, et vous vous en trouverez fort bien » ; c'est ce qu'il conseille, à la page 89 et 90.

Dieu merci, je suis bon catholique, je n'ai point à craindre ce que les huguenots appellent *le martyre* ; mais si cet homme est jamais premier ministre, comme il paraît s'en flatter dans son libelle, je l'avertis que je pars pour l'Angleterre le jour qu'il aura ses lettres patentes.

En attendant, je ne puis que remercier la Providence de ce qu'elle permet que les gens de son espèce soient toujours de mauvais raisonneurs. Il va jusqu'à citer Bayle parmi les partisans de l'intolérance : cela est sensé et adroit ; et de ce que Bayle accorde qu'il faut punir les factieux et les fripons, notre homme en conclut qu'il faut persécuter à feu et à sang les gens de bonne foi qui sont paisibles.

Presque tout son livre est une imitation de l'*Apologie de la Saint-Barthélemy*. C'est cet apologiste ou son écho.

Dans l'un ou dans l'autre cas, il faut espérer que ni le maître ni le disciple ne gouverneront l'État.

Mais s'il arrive qu'ils en soient les maîtres, je leur présente de loin cette requête, au sujet de deux lignes de la page 93 du saint libelle :

« Faut-il sacrifier au bonheur du vingtième de la nation le bonheur de la nation entière ? »

Supposé qu'en effet il y ait vingt catholiques romains en France contre un huguenot, je ne prétends point que le huguenot mange les vingt catholiques ; mais aussi pourquoi ces vingt catholiques mangeraient-ils ce huguenot, et pourquoi empêcher ce huguenot de se marier ? N'y a-t-il pas des évêques, des abbés, des moines, qui ont des terres en Dauphiné, dans le Gévaudan, devers Agde, devers Carcassonne ? Ces évêques, ces abbés, ces moines, n'ont-ils pas de fermiers qui ont le malheur de ne pas croire à la transsubstantiation ? N'est-il pas de l'intérêt des évêques, des abbés, des moines et du public, que ces fermiers aient de nombreuses familles ? N'y aura-t-il que ceux qui communieront sous une seule espèce à qui il sera permis de faire des enfants ? En vérité cela n'est ni juste ni honnête.

« La révocation de l'édit de Nantes n'a point autant produit d'inconvénients qu'on lui en attribue », dit l'auteur.

Si en effet on lui en attribue plus qu'elle n'en a produit, on exagère, et le tort de presque tous les historiens est d'exagérer ; mais c'est aussi le tort de tous les controversistes de réduire à rien le mal qu'on leur reproche. N'en croyons ni les docteurs de Paris ni les prédicateurs d'Amsterdam.

Prenons pour juge M. le comte d'Avaux, ambassadeur en Hollande, depuis 1685 jusqu'en 1688. Il dit, page 181, tome V, qu'un seul homme avait offert de découvrir plus de vingt millions que les persécutés faisaient sortir de France. Louis XIV répond à M. d'Avaux : « Les avis que je reçois tous les jours d'un nombre infini de conversions ne me laissent plus douter que les plus opiniâtres ne suivent l'exemple des autres. »

On voit, par cette lettre de Louis XIV, qu'il était de très bonne foi sur l'étendue de son pouvoir. On lui disait tous les matins : « Sire, vous êtes le plus grand roi de l'univers ; tout l'univers fera gloire de penser comme vous dès que vous aurez parlé. » Pellisson, qui s'était enrichi dans la place de premier commis des finances ; Pellisson, qui avait été trois ans à la Bastille comme complice de Fouquet ; Pellisson, qui de calviniste était devenu diacre et bénéficier, qui faisait imprimer des prières pour la messe et des bouquets à Iris, qui avait obtenu la place des économats et de convertisseur ; Pellisson, dis-je, apportait tous les trois mois une grande liste d'abjurations à sept ou huit écus la pièce, et faisait accroire à son roi que, quand il voudrait, il convertirait tous les Turcs au même prix. On se relayait pour le tromper ; pouvait-il résister à la séduction ?

Cependant le même M. d'Avaux mande au roi qu'un nommé Vincent maintient plus de cinq cents ouvriers auprès d'Angoulême, et que sa sortie causera du préjudice : tome V, page 194.

Le même M. d'Avaux parle de deux régiments que le prince d'Orange fait déjà lever par les officiers français réfugiés ; il parle de matelots qui désertèrent de trois vaisseaux pour servir sur ceux du prince d'Orange. Outre ces deux régiments, le prince d'Orange forme encore une compagnie de cadets réfugiés, commandés par deux capitaines, page 240. Cet ambassadeur écrit encore, le 9 mai 1686, à M. de Seignelai, « qu'il ne peut lui dissimuler la peine qu'il a de voir les manufactures de France s'établir en Hollande, d'où elles ne sortiront jamais ».

Joignez à tous ces témoignages ceux de tous les intendants du royaume en 1699, et jugez si la révocation de l'édit de Nantes n'a pas produit plus de mal que de bien, malgré l'opinion du respectable auteur de l'*Accord de la religion et de l'inhumanité.*

Un maréchal de France connu par son esprit supérieur disait, il y a quelques années : « Je ne sais pas si la dragonnade a été nécessaire ; mais il est nécessaire de n'en plus faire. »

J'avoue que j'ai cru aller un peu trop loin, quand j'ai rendu publique la lettre du correspondant du P. Le Tellier, dans laquelle ce congréganiste propose des tonneaux de poudre. Je me disais à moi-même : On ne m'en croira pas, on regardera cette lettre comme une pièce supposée. Mes scrupules heureusement ont été levés quand j'ai lu dans l'*Accord de la religion et de l'inhumanité,* page 149, ces douces paroles :

« L'extinction totale des protestants en France n'affaiblirait pas plus la France qu'une saignée n'affaiblit un malade bien constitué. »

Ce chrétien compatissant, qui a dit tout à l'heure que les protestants composent le vingtième de la nation, veut donc qu'on répande le sang de cette vingtième partie, et ne regarde cette opération que comme une saignée d'une palette ! Dieu nous préserve avec lui des trois vingtièmes !

Si donc cet honnête homme propose de tuer le vingtième de la nation, pourquoi l'ami du P. Le Tellier n'aurait-il pas proposé de faire sauter en l'air, d'égorger et d'empoisonner le tiers ? Il est donc très vraisemblable que la lettre au P. Le Tellier a été réellement écrite.

Le saint auteur finit enfin par conclure que l'intolérance est une chose excellente, « parce qu'elle n'a pas

été, dit-il, condamnée expressément par Jésus-Christ ».
Mais Jésus-Christ n'a pas condamné non plus ceux qui
mettraient le feu aux quatre coins de Paris ; est-ce une
raison pour canoniser les incendiaires ?

Ainsi donc, quand la nature fait entendre d'un côté
sa voix douce et bienfaisante, le fanatisme, cet ennemi
de la nature, pousse des hurlements ; et lorsque la paix
se présente aux hommes, l'intolérance forge ses armes.
Ô vous, arbitre des nations, qui avez donné la paix à
l'Europe, décidez entre l'esprit pacifique et l'esprit
meurtrier !

Chapitre XXV

Suite et conclusion

Nous apprenons que le 7 mars 1763, tout le conseil d'État assemblé à Versailles, les ministres d'État y assistant, le chancelier y présidant, M. de Crosne, maître des requêtes, rapporta l'affaire des Calas avec l'impartialité d'un juge, l'exactitude d'un homme parfaitement instruit, l'éloquence simple et vraie d'un orateur homme d'État, la seule qui convienne dans une telle assemblée. Une foule prodigieuse de personnes de tout rang attendait dans la galerie du château la décision du conseil. On annonça bientôt au roi que toutes les voix, sans excepter une, avaient ordonné que le parlement de Toulouse enverrait au conseil les pièces du procès, et les motifs de son arrêt qui avait fait expirer Jean Calas sur la roue. Sa Majesté approuva le jugement du conseil.

Il y a donc de l'humanité et de la justice chez les hommes, et principalement dans le conseil d'un roi aimé et digne de l'être. L'affaire d'une malheureuse famille de citoyens obscurs a occupé Sa Majesté, ses ministres, le chancelier et tout le conseil, et a été discutée avec un examen aussi réfléchi que les plus grands objets de la guerre et de la paix peuvent l'être. L'amour de l'équité, l'intérêt du genre humain, ont conduit tous les juges. Grâces en soient rendues à ce

Dieu de clémence, qui seul inspire l'équité et toutes les vertus !

Nous attestons que nous n'avons jamais connu ni cet infortuné Calas que les huit juges de Toulouse firent périr sur les indices les plus faibles, contre les ordonnances de nos rois, et contre les lois de toutes les nations ; ni son fils Marc-Antoine, dont la mort étrange a jeté ces huit juges dans l'erreur ; ni la mère, aussi respectable que malheureuse ; ni ces innocentes filles, qui sont venues avec elle de deux cents lieues mettre leur désastre et leur vertu au pied du trône.

Ce Dieu sait que nous n'avons été animé que d'un esprit de justice, de vérité, et de paix, quand nous avons écrit ce que nous pensons de la tolérance, à l'occasion de Jean Calas, que l'esprit d'intolérance a fait mourir.

Nous n'avons pas cru offenser les huit juges de Toulouse en disant qu'ils se sont trompés, ainsi que tout le conseil l'a présumé : au contraire, nous leur avons ouvert une voie de se justifier devant l'Europe entière. Cette voie est d'avouer que des indices équivoques et les cris d'une multitude insensée ont surpris leur justice ; de demander pardon à la veuve, et de réparer, autant qu'il est en eux, la ruine entière d'une famille innocente, en se joignant à ceux qui la secourent dans son affliction. Ils ont fait mourir le père injustement : c'est à eux de tenir lieu de père aux enfants, supposé que ces orphelins veuillent bien recevoir d'eux une faible marque d'un très juste repentir. Il sera beau aux juges de l'offrir, et à la famille de la refuser.

C'est surtout au sieur David, capitoul de Toulouse, s'il a été le premier persécuteur de l'innocence, à donner l'exemple des remords. Il insulte un père de famille mourant sur l'échafaud. Cette cruauté est bien inouïe ;

mais puisque Dieu pardonne, les hommes doivent aussi pardonner à qui répare ses injustices.

On m'a écrit du Languedoc cette lettre du 20 février 1763.

. . . .

« Votre ouvrage sur la tolérance me paraît plein d'humanité et de vérité ; mais je crains qu'il ne fasse plus de mal que de bien à la famille des Calas. Il peut ulcérer les huit juges qui ont opiné à la roue ; ils demanderont au parlement qu'on brûle votre livre, et les fanatiques (car il y en a toujours) répondront par des cris de fureur à la voix de la raison, etc. »

Voici ma réponse :

« Les huit juges de Toulouse peuvent faire brûler mon livre, s'il est bon ; il n'y a rien de plus aisé : on a bien brûlé les *Lettres provinciales*, qui valaient sans doute beaucoup mieux ; chacun peut brûler chez lui les livres et papiers qui lui déplaisent.

« Mon ouvrage ne peut faire ni bien ni mal aux Calas, que je ne connais point. Le conseil du roi, impartial et ferme, juge suivant les lois, suivant l'équité, sur les pièces, sur les procédures, et non sur un écrit qui n'est point juridique, et dont le fond est absolument étranger à l'affaire qu'il juge.

« On aurait beau imprimer des in-folio pour ou contre les huit juges de Toulouse, et pour ou contre la tolérance, ni le conseil, ni aucun tribunal ne regardera ces livres comme des pièces du procès.

« Cet écrit sur la tolérance est une requête que l'humanité présente très humblement au pouvoir et à la prudence. Je sème un grain qui pourra un jour produire une moisson. Attendons tout du temps, de la bonté du roi, de la sagesse de ses ministres, et de l'esprit de raison qui commence à répandre partout sa lumière.

« La nature dit à tous les hommes : je vous ai tous fait naître faibles et ignorants, pour végéter quelques minutes sur la terre et pour l'engraisser de vos cadavres. Puisque vous êtes faibles, secourez-vous ; puisque vous êtes ignorants, éclairez-vous et supportez-vous. Quand vous seriez tous du même avis, ce qui certainement n'arrivera jamais, quand il n'y aurait qu'un seul homme d'un avis contraire, vous devriez lui pardonner : car c'est moi qui le fais penser comme il pense. Je vous ai donné des bras pour cultiver la terre, et une petite lueur de raison pour vous conduire ; j'ai mis dans vos cœurs un germe de compassion pour vous aider les uns les autres à supporter la vie. N'étouffez pas ce germe, ne le corrompez pas, apprenez qu'il est divin, et ne substituez pas les misérables fureurs de l'école à la voix de la nature.

« C'est moi seule qui vous unis encore malgré vous par vos besoins mutuels, au milieu même de vos guerres cruelles si légèrement entreprises, théâtre éternel des fautes, des hasards, et des malheurs. C'est moi seule qui, dans une nation, arrête les suites funestes de la division interminable entre la noblesse et la magistrature, entre ces deux corps et celui du clergé, entre le bourgeois même et le cultivateur. Ils ignorent toutes les bornes de leurs droits ; mais ils écoutent tous malgré eux, à la longue, ma voix qui parle à leur cœur. Moi seule je conserve l'équité dans les tribunaux, où tout serait livré sans moi à l'indécision et aux caprices, au milieu d'un amas confus de lois faites souvent au hasard et pour un besoin passager, différentes entre elles de province en province, de ville en ville, et presque toujours contradictoires entre elles dans le même lieu. Seule je peux inspirer la justice, quand les lois n'inspirent que la chicane. Celui qui m'écoute juge toujours bien ; et celui qui ne cherche qu'à concilier des opinions qui se contredisent est celui qui s'égare.

« Il y a un édifice immense dont j'ai posé le fondement de mes mains : il était solide et simple, tous les
hommes pouvaient y entrer en sûreté ; ils ont voulu y
ajouter les ornements les plus bizarres, les plus grossiers, et les plus inutiles ; le bâtiment tombe en ruine
de tous les côtés ; les hommes en prennent les pierres,
et se les jettent à la tête ; je leur crie : Arrêtez, écartez
ces décombres funestes qui sont votre ouvrage, et
demeurez avec moi en paix dans l'édifice inébranlable
qui est le mien. »

Article nouvellement ajouté,
dans lequel on rend compte
du dernier arrêt rendu
en faveur de la famille Calas

Depuis le 7 mars 1763 jusqu'au jugement définitif, il se passa encore deux années : tant il est facile au fanatisme d'arracher la vie à l'innocence, et difficile à la raison de lui faire rendre justice. Il fallut essuyer des longueurs inévitables, nécessairement attachées aux formalités. Moins ces formalités avaient été observées dans la condamnation de Calas, plus elles devaient l'être rigoureusement par le conseil d'État. Une année entière ne suffit pas pour forcer le parlement de Toulouse à faire parvenir au conseil toute la procédure, pour en faire l'examen, pour le rapporter. M. de Crosne fut encore chargé de ce travail pénible. Une assemblée de près de quatre-vingts juges cassa l'arrêt de Toulouse, et ordonna la révision entière du procès.

D'autres affaires importantes occupaient alors presque tous les tribunaux du royaume. On chassait les jésuites ; on abolissait leur société en France : ils avaient été intolérants et persécuteurs ; ils furent persécutés à leur tour.

L'extravagance des billets de confession, dont on les crut les auteurs secrets, et dont ils étaient publiquement les partisans, avait déjà ranimé contre eux la haine de la nation. Une banqueroute immense d'un de leurs missionnaires, banqueroute que l'on crut en partie frauduleuse, acheva de les perdre. Ces seuls mots de *missionnaires* et de *banqueroutiers,* si peu faits pour être joints ensemble, portèrent dans tous les esprits l'arrêt de leur condamnation. Enfin les ruines de Port-Royal et les ossements de tant d'hommes célèbres insultés par eux dans leurs sépultures, et exhumés au commencement du siècle par des ordres que les jésuites seuls avaient dictés, s'élevèrent tous contre leur crédit expirant. On peut voir l'histoire de leur proscription dans l'excellent livre intitulé *Sur la destruction des jésuites en France*[43], ouvrage impartial, parce qu'il est d'un philosophe, écrit avec la finesse et l'éloquence de Pascal, et surtout avec une supériorité de lumières qui n'est pas offusquée, comme dans Pascal, par des préjugés qui ont quelquefois séduit de grands hommes.

Cette grande affaire, dans laquelle quelques partisans des jésuites disaient que la religion était outragée, et où le plus grand nombre la croyait vengée, fit pendant plusieurs mois perdre de vue au public le procès des Calas ; mais le roi ayant attribué au tribunal qu'on appelle *les requêtes de l'hôtel* le jugement définitif, le même public, qui aime à passer d'une scène à l'autre, oublia les jésuites, et les Calas saisirent toute son attention.

La chambre des requêtes de l'hôtel est une cour souveraine composée de maîtres des requêtes, pour juger les procès entre les officiers de la cour et les causes que le roi leur renvoie. On ne pouvait choisir un tribunal plus instruit de l'affaire : c'étaient précisément les mêmes magistrats qui avaient jugé deux fois les préliminaires de la révision, et qui étaient parfaitement instruits du fond et de la forme. La veuve de Jean Calas, son fils, et le sieur de Lavaysse, se remirent en prison : on fit venir du fond du Languedoc cette vieille servante catholique qui n'avait pas quitté un moment ses maîtres et sa maîtresse, dans le temps qu'on supposait, contre toute vraisemblance, qu'ils étranglaient leur fils et leur frère. On délibéra enfin sur les mêmes pièces qui avaient servi à condamner Jean Calas à la roue, et son fils Pierre au bannissement.

Ce fut alors que parut un nouveau mémoire de l'éloquent M. de Beaumont, et un autre du jeune M. de Lavaysse, si injustement impliqué dans cette procédure criminelle par les juges de Toulouse, qui, pour comble de contradiction, ne l'avaient pas déclaré absous. Ce jeune homme fit lui-même un factum qui fut jugé digne par tout le monde de paraître à côté de celui de M. de Beaumont. Il avait le double avantage de parler pour lui-même et pour une famille dont il avait partagé les fers. Il n'avait tenu qu'à lui de briser les siens et de sortir des prisons de Toulouse s'il avait voulu seulement dire qu'il avait quitté un moment les Calas dans le temps qu'on prétendait que le père et la mère avaient assassiné leur fils. On l'avait menacé du supplice ; la question et la mort avaient été présentées à ses yeux ; un mot lui aurait pu rendre sa liberté : il aima mieux s'exposer au supplice que de prononcer ce mot, qui aurait été un mensonge. Il exposa tout ce détail dans son factum, avec une candeur si noble, si simple, si éloignée de toute ostentation, qu'il toucha tous ceux qu'il ne voulait que convaincre, et qu'il se fit admirer sans prétendre à la réputation.

Son père, fameux avocat, n'eut aucune part à cet ouvrage : il se vit tout d'un coup égalé par son fils, qui n'avait jamais suivi le barreau.

Cependant les personnes de la plus grande considération venaient en foule dans la prison de Mme Calas, où ses filles s'étaient renfermées avec elle. On s'y attendrissait jusqu'aux larmes. L'humanité, la générosité, leur prodiguaient des secours. Ce qu'on appelle la charité ne leur en donnait aucun. La charité, qui d'ailleurs est si souvent mesquine et insultante, est le partage des dévots, et les dévots tenaient encore contre les Calas.

Le jour arriva (9 mars 1765) où l'innocence triompha pleinement. M. de Bacquencourt ayant rapporté toute la procédure, et ayant instruit l'affaire jusque dans les moindres circonstances, tous les juges, d'une voix unanime, déclarèrent la famille innocente, tortionnairement et abusivement jugée par le parlement de Toulouse. Ils réhabilitèrent la mémoire du père. Ils permirent à la famille de se pourvoir devant qui il appartiendrait pour prendre ses juges à partie, et pour obtenir les dépens, dommages et intérêts que les magistrats toulousains auraient dû offrir d'eux-mêmes.

Ce fut dans Paris une joie universelle : on s'attroupait dans les places publiques, dans les promenades ; on accourait pour voir cette famille si malheureuse et si bien justifiée ; on battait des mains en voyant passer les juges, on les comblait de bénédictions. Ce qui rendait encore ce spectacle plus touchant, c'est que ce jour, neuvième mars, était le jour même où Calas avait péri par le plus cruel supplice (trois ans auparavant).

Messieurs les maîtres des requêtes avaient rendu à la famille Calas une justice complète, et en cela ils n'avaient fait que leur devoir. Il est un autre devoir, celui de la bienfaisance, plus rarement rempli par les tribunaux, qui semblent se croire faits pour être seulement équitables. Les maîtres des requêtes arrêtèrent qu'ils écriraient en corps à Sa Majesté pour la supplier de réparer par ses dons la ruine de la famille. La lettre fut écrite. Le roi y répondit en faisant délivrer trente-six mille livres à la mère et aux enfants ; et de ces trente-six mille livres, il y en eut trois mille pour cette servante vertueuse qui avait constamment défendu la vérité en défendant ses maîtres.

Le roi, par cette bonté, mérita, comme par tant d'autres actions, le surnom que l'amour de la nation lui a donné. Puisse cet exemple servir à inspirer aux hommes la tolérance, sans laquelle le fanatisme désolerait la terre, ou du moins l'attristerait toujours ! Nous savons qu'il ne s'agit ici que d'une seule famille et que la rage des sectes en a fait périr des milliers ; mais aujourd'hui qu'une ombre de paix laisse reposer toutes les sociétés chrétiennes, après des siècles de carnage, c'est dans ce temps de tranquillité que le malheur des Calas doit faire une plus grande impression, à peu près comme le tonnerre qui tombe dans la sérénité d'un beau jour. Ces cas sont rares, mais ils arrivent, et ils sont l'effet de cette sombre superstition qui porte les âmes faibles à imputer des crimes à quiconque ne pense pas comme elles.

NOTES

Page 11.

1. *On ne peut empêcher que Jean Calas ne soit roué ; mais on peut rendre les juges exécrables, et c'est ce que je leur souhaite. Je me suis avisé de mettre par écrit toutes les raisons qui pourraient justifier ces juges ; je me suis distillé la tête pour trouver de quoi les excuser, et je n'ai trouvé que de quoi les décimer. Gardez-vous d'imputer aux laïques un petit ouvrage sur la tolérance qui va bientôt paraître. Il est, dit-on, d'un bon prêtre : il y a des endroits qui font frémir, et d'autres qui font pouffer de rire ; car, Dieu merci, l'intolérance est aussi absurde qu'horrible.*

Cette lettre à Damilaville du 24 janvier 1763 nous permet de remonter aux sources de la composition du *Traité*, qui ne parut que quelques mois plus tard. Son immense succès et son retentissement sur l'opinion s'expliquent par la hauteur que Voltaire avait su donner au débat.

Page 14.

2. *12 octobre 1761.* (Note de Voltaire.)

Page 15.

3. *On ne lui trouva, après le transport du cadavre à l'hôtel de ville, qu'une petite égratignure au bout du nez et une petite tache sur la poitrine, causée par quelque inadvertance dans le transport du corps.* (Note de Voltaire.)

Page 17.

4. En effet le massacre des huguenots avait eu lieu dix ans avant la Saint-Barthélemy. On allait donc, en 1762, en fêter le bicentenaire.

Page 18.

5. *Je ne connais que deux exemples de pères accusés dans l'histoire d'avoir assassiné leur fils pour la religion :*

Le premier est du père de sainte Barbara, que nous nommons sainte Barbe. Il avait commandé deux fenêtres dans sa salle de bains ; Barbe, en son absence, en fit une troisième en l'honneur de la Sainte Trinité ; elle fit, du bout du doigt, *le signe de la croix sur des colonnes de marbre, et ce signe se grava profondément dans les colonnes. Son père, en colère, courut après elle l'épée à la main, mais elle s'enfuit à travers la montagne qui s'ouvrit pour elle. Le père fit le tour de la montagne, et rattrapa sa fille ; on la fouetta toute nue, mais Dieu la couvrit d'un nuage blanc ; enfin son père lui trancha la tête. Voilà ce que rapporte la* Fleur des saints.

Le second exemple est le prince Herménégilde. Il se révolta contre le roi son père, lui donna bataille en 584, fut vaincu et tué par un officier : on en a fait un martyr parce que son père était arien. (Note de Voltaire.)

Page 20.

6. *Un jacobin vint dans mon cachot, et me menaça du même genre de mort si je n'abjurais pas : c'est ce que j'atteste devant Dieu. 23 juillet 1762. Pierre Calas.* (Note de Voltaire.)

Page 22.

7. *On les a contrefaits dans plusieurs villes, et la dame Calas a perdu le fruit de cette générosité.* (Note de Voltaire.)

8. Dévot *vient du latin* devotus. Les devoti *de l'ancienne Rome étaient ceux qui se dévouaient pour le salut de la république : c'étaient les Curtius, les Decius.* (Note de Voltaire.)

Page 24.

9. C'est ainsi qu'on désignait les conseillers du parlement.

Page 27.

10. *Ils renouvelaient le sentiment de Bérenger sur l'Eucharistie ; ils niaient qu'un corps pût être en cent mille endroits différents, même par la toute-puissance divine ; ils niaient que les attributs pussent exister sans sujet ; ils croyaient qu'il était absolument impossible que ce qui est pain et vin aux yeux, au goût, à l'estomac, fût anéanti dans le moment même qu'il existe ; ils soutenaient toutes ces erreurs, condamnées autrefois dans Bérenger. Ils se fondaient sur plusieurs passages des premiers Pères de l'Église, et surtout de saint Justin, qui dit expressément dans son dialogue contre Tryphon :* « L'oblation de la fine farine… est la figure de l'Eucharistie que Jésus-Christ nous ordonne de faire en mémoire de sa passion. Καὶ η τῆς σεμιδαλέως… τύπος ἦν τοῦ ἄρτου τῆς εὐχαριστίας,

ὃν εἰς ἀνάμνησιν τοῦ πάθους... Ἰησοῦς Χριστὸς ὁ αὔριος ἡμῶν παρέδωκε ποιεῖν. » (*Page 119, Édit. Londinensis, 1719, in-8°.*)

Ils rappelaient tout ce qu'on avait dit dans les premiers siècles contre le culte des reliques ; ils citaient ces paroles de Vigilantius : « Est-il néces- saire que vous respectiez ou même que vous adoriez une vile poussière ? Les âmes des martyrs animent-elles encore leurs cendres ? Les coutumes des idolâtres se sont introduites dans l'Église : on commence à allumer des flambeaux en plein midi. Nous pouvons pendant notre vie prier les uns pour les autres ; mais après la mort, à quoi servent ces prières ? »

Mais ils ne disaient pas combien saint Jérôme s'était élevé contre ces paroles de Vigilantius. Enfin, ils voulaient tout rappeler aux temps apos- toliques, et ne voulaient pas convenir que, l'Église s'étant étendue et for- tifiée, il avait fallu nécessairement étendre et fortifier sa discipline : ils condamnaient les richesses, qui semblaient pourtant nécessaires pour sou- tenir la majesté du culte. (Note de Voltaire.)

Page 28.

11. *Mme de Cental, à qui appartenait une partie des terres ravagées, et sur lesquelles on ne voyait plus que les cadavres de ses habitants, demanda justice au roi Henri II, qui la renvoya au parlement de Paris. L'avocat général de Provence, nommé Guérin, principal auteur des massacres, fut seul condamné à perdre la tête. De Thou dit qu'il porta seul la peine des autres coupables,* quod aulicorum favore destitueretur, *parce qu'il n'avait pas d'amis à la cour.* (Note de Voltaire.)

Page 31.

12. *François Gomar était un théologien protestant : il soutint, contre Arminius son collègue, que Dieu a destiné de toute éternité la plus grande partie des hommes à être brûlés éternellement : ce dogme infernal fut sou- tenu, comme il devait l'être, par la persécution. Le grand pensionnaire Barneveldt, qui était du parti contraire à Gomar, eut la tête tranchée à l'âge de soixante-douze ans, le 13 mai 1619, « pour avoir contristé au possible l'Église de Dieu ».* (Note de Voltaire.)

Page 33.

13. *Voyez Ricaut.* (Note de Voltaire.)

Page 34.

14. *Voyez Kempfer et toutes les relations du Japon.* (Note de Voltaire.)

Page 35.

15. *M. de La Bourbonnaie, intendant de Rouen, dit que la manufac- ture de chapeaux est tombée à Caudebec et à Neuchâtel par la fuite des*

réfugiés. M. Foucaut, intendant de Caen, dit que le commerce est tombé de moitié dans la généralité. M. de Maupeou, intendant de Poitiers, dit que la manufacture de droguet est anéantie. M. de Bezons, intendant de Bordeaux, se plaint que le commerce de Clérac et de Nérac ne subsiste presque plus. M. de Miroménil, intendant de Touraine, dit que le commerce de Tours est diminué de dix millions par année ; et tout cela par la persécution. (Voyez les mémoires des intendants en 1698.) Comptez surtout le nombre des officiers de terre et de mer, et des matelots, qui ont été obligés d'aller servir contre la France, et souvent avec un funeste avantage, et voyez si l'intolérance n'a pas causé quelque mal à l'État.

On n'a pas ici la témérité de proposer des vues à des ministres dont on connaît le génie et les grands sentiments, et dont le cœur est aussi noble que la naissance : ils verront assez que le rétablissement de la marine demande quelque indulgence pour les habitants de nos côtes. (Note de Voltaire.)

Page 45.

16. Exactement : *Quaeve anus tam excors inveniri potest, quae illa, quae quondam credebantur, apud inferos portenta extimescat.* (*De Natura deorum,* t. II, chap. II.)

Page 47.

17. *Chap. XXI et XXIV.* (Note de Voltaire.)
18. *Actes, XXV, 16.* (Note de Voltaire.)
19. *Ibid., XXVI, 24.* (Note de Voltaire.)

Page 48.

20. *Quoique les Juifs n'eussent pas le droit du glaive depuis qu'Archélaüs avait été relégué chez les Allobroges, et que la Judée était gouvernée en province de l'Empire, cependant les Romains fermaient souvent les yeux quand les Juifs exerçaient le jugement du zèle, c'est-à-dire quand, dans une émeute subite, ils lapidaient par zèle celui qu'ils croyaient avoir blasphémé.* (Note de Voltaire.)

21. *Actes, VII, 57.*
22. *Ulpianus,* Digest., *1. I, tit. II :* Eis qui judaïcam superstitionem sequuntur honores adipisci permiserunt, etc. (Note de Voltaire.)

Page 52.

23. *Il n'y a qu'à ouvrir Virgile pour voir que les Romains reconnaissaient un Dieu suprême, souverain de tous les êtres célestes.*

> ... O ! qui res hominum deumque
> Aeternis regis imperiis, et fulmine terres.

> (Aen., I, 233-234.)

O pater, o hominum divumque aeterna potestas, *etc.*

(Aen., *X, 18.*)

Horace s'exprime bien plus fortement :

Unde nil majus generatur ipso,
Nec viget quidquam simile, aut secundum.

(*Lib. I, od. XII, 17-18.*)

On ne chantait autre chose que l'unité de Dieu dans les mystères auxquels presque tous les Romains étaient initiés. Voyez le bel hymne d'Orphée ; lisez la lettre de Maxime de Madaure à saint Augustin, dans laquelle il dit « qu'il n'y a que des imbéciles qui puissent ne pas reconnaître un Dieu souverain ». Longinien étant païen écrit au même saint Augustin que Dieu « est unique, incompréhensible, ineffable » ; Lactance, lui-même, qu'on ne peut accuser d'être trop indulgent, avoue, dans son livre V (Divin. Institut., *chap. III*), *que « les Romains soumettent tous les dieux au Dieu suprême ; illos subjicit et mancipat Deo ». Tertullien même, dans son* Apologétique *(chap. XXIV), avoue que tout l'Empire reconnaissait un Dieu, maître du monde, dont la puissance et la majesté sont infinies,* principem mundi, perfectae potentiae et majestatis. *Ouvrez surtout Platon, le maître de Cicéron dans la philosophie, vous y verrez « qu'il n'y a qu'un Dieu ; qu'il faut l'adorer, l'aimer, travailler à lui ressembler par la sainteté et par la justice ». Épictète dans les fers, Marc-Antoine sur le trône, disent la même chose en cent endroits.* (Note de Voltaire.)

Page 57.

24. Histoire ecclésiastique, *1. VIII.* (Note de Voltaire.)

Page 60.

25. Daniel, III.

Page 63.

26. Un arrêt venait d'être rendu contre l'inoculation par le parlement de Paris, le 8 juin 1763, mais la pratique s'en répandait malgré tout.

Page 65.

27. *Voyez l'excellente lettre de Locke sur la tolérance.* (Note de Voltaire.)

Page 66.

28. Jean, XIV, 28.

Page 70.

29. La pâque juive.

Page 73.

30. *Madian n'était point compris dans la terre promise : c'est un petit canton de l'Idumée, dans l'Arabie Pétrée ; il commence vers le septentrion au torrent d'Arnon, et finit au torrent de Zared, au milieu des rochers, et sur le rivage oriental du lac Asphaltite. Ce pays est habité aujourd'hui par une petite horde d'Arabes : il peut avoir huit lieues ou environ de long, et un peu moins en largeur.* (Note de Voltaire.)

31. Nombres, XXXI, 40.

Page 79.

32. *Le sentiment d'Ézéchiel prévalut enfin dans la synagogue ; mais il y eut des Juifs qui, en croyant aux peines éternelles, croyaient aussi que Dieu poursuivait sur les enfants les iniquités des pères : aujourd'hui ils sont punis par-delà la cinquantième génération, et ont encore les peines éternelles à craindre. On demande comment les descendants des Juifs, qui n'étaient pas complices de la mort de Jésus-Christ, ceux qui étant dans Jérusalem n'y eurent aucune part, et ceux qui étaient répandus sur le reste de la terre, peuvent être temporellement punis dans leurs enfants, aussi innocents que leurs pères. Cette punition temporelle, ou plutôt cette manière d'exister différente des autres peuples, et de faire le commerce sans avoir de patrie, peut n'être point regardée comme un châtiment en comparaison des peines éternelles qu'ils s'attirent par leur incrédulité, et qu'ils peuvent éviter par une conversion sincère.* (Note de Voltaire.)

Page 80.

33. *Le dogme de la fatalité est ancien et universel : vous le trouvez toujours dans Homère. Jupiter voudrait sauver la vie à son fils Sarpédon ; mais le destin l'a condamné à la mort : Jupiter ne peut qu'obéir. Le destin était, chez les philosophes, ou l'enchaînement nécessaire des causes et des effets nécessairement produits par la nature, ou ce même enchaînement ordonné par la Providence : ce qui est bien plus raisonnable. Tout le système de la fatalité est contenu dans ce vers d'Annaeus Sénèque* [ép. CVII] :

Ducunt volentem fata, nolentem trahunt.

On est toujours convenu que Dieu gouvernait l'univers par des lois éternelles, universelles, immuables : cette vérité fut la source de toutes ces disputes inintelligibles sur la liberté, jusqu'à ce que le sage Locke soit venu : il a prouvé que la liberté est le pouvoir d'agir. Dieu donne ce pouvoir ; et l'homme, agissant librement selon les ordres éternels de Dieu, est une des roues de la grande machine du monde. Toute l'antiquité disputa sur la liberté ; mais personne ne persécuta sur ce sujet jusqu'à nos jours. Quelle horreur absurde d'avoir emprisonné un Arnauld, un Sacy, un Nicole, et tant d'autres qui ont été la lumière de la France ! (Note de Voltaire.)

34. *Le roman théologique de la métempsycose vient de l'Inde, dont nous avons reçu beaucoup plus de fables qu'on ne croit communément. Ce dogme est expliqué dans l'admirable quinzième livre des* Métamorphoses *d'Ovide. Il a été reçu presque dans toute la terre ; il a toujours été combattu ; mais nous ne voyons point qu'aucun prêtre de l'antiquité ait jamais fait donner une lettre de cachet à un disciple de Pythagore.* (Note de Voltaire.)

35. *Ni les anciens Juifs, ni les Égyptiens, ni les Grecs leurs contemporains, ne croyaient que l'âme de l'homme allât dans le ciel après sa mort. Les Juifs pensaient que la lune et le soleil étaient à quelques lieues au-dessus de nous, dans le même cercle, et que le firmament était une voûte épaisse et solide, qui soutenait le poids des eaux, lesquelles s'échappaient par quelques ouvertures. Le palais des dieux, chez les anciens Grecs, était sur le mont Olympe. La demeure des héros après la mort était, du temps d'Homère, dans une île au-delà de l'océan, et c'était l'opinion des esséniens.*

Depuis Homère, on assigna des planètes aux dieux, mais il n'y avait pas plus de raison aux hommes de placer un dieu dans la lune qu'aux habitants de la lune de mettre un dieu dans la planète de la terre. Junon et Iris n'eurent d'autres palais que les nuées ; il n'y avait pas là où reposer son pied. Chez les sabéens, chaque dieu eut son étoile ; mais une étoile étant un soleil, il n'y a pas moyen d'habiter là, à moins d'être de la nature du feu. C'est donc une question fort inutile de demander ce que les anciens pensaient du ciel : la meilleure réponse est qu'ils ne pensaient pas. (Note de Voltaire.)

Page 81.

36. Matthieu, XXII, 4.

Page 82.

37. Luc, XIV.

Page 87.

38. *Il était en effet très difficile aux Juifs, pour ne pas dire impossible, de comprendre, sans une révélation particulière, ce mystère ineffable de l'incarnation du fils de Dieu, Dieu lui-même. La Genèse (chap. VI) appelle* fils de Dieu *les fils des hommes puissants : de même, les grands cèdres, dans les psaumes [LXXIX, II], sont appelés* cèdres de Dieu *; la*

mélancolie de Saül, mélancolie de Dieu. *Cependant, il paraît que les Juifs entendirent à la lettre que Jésus se dit fils de Dieu dans le sens propre ; mais s'ils regardèrent ces mots comme un blasphème, c'est peut-être encore une preuve de l'ignorance où ils étaient du mystère de l'incarnation, et de Dieu, fils de Dieu, envoyé sur la terre pour le salut des hommes.* (Note de Voltaire.)

Page 94.

39. Note de Voltaire, ajoutée en 1771 :
Lorsqu'on écrivait ainsi en 1762, l'ordre des jésuites n'était pas aboli en France. S'ils avaient été malheureux, l'auteur les aurait assurément respectés. Mais qu'on se souvienne à jamais qu'ils n'ont été persécutés que parce qu'ils avaient été persécuteurs ; et que leur exemple fasse trembler ceux qui, étant plus intolérants que les jésuites, voudraient opprimer un jour leurs concitoyens qui n'embrasseraient pas leurs opinions dures et absurdes.

Page 97.

40. Ravaillac.

Page 99.

41. Actes des apôtres, v, 29.

Page 112.

42. Les noms ci-dessous sont plus que probablement fantaisistes.

Page 129.

43. Par d'Alembert, 1765, in-12.

POSTFACE

SUBVERSION DE VOLTAIRE[1]

Le Traité sur la Tolérance *est l'un des livres les plus vendus depuis le début de l'année. Ce serait un effet du drame survenu à* Charlie Hebdo. *Qu'en dites-vous ?*

Il faut se demander pourquoi les Français ont l'air de se réveiller. On dirait qu'ils découvrent Voltaire. Qu'ils l'aiment tout à coup. Mais les Français n'aiment pas Voltaire, vous savez... Ce sont les Anglais qui l'apprécient le plus, notamment pour son ironie. La Voltaire Foundation de l'université d'Oxford a publié ses œuvres complètes, commentées ainsi que son énorme correspondance en treize volumes à la Pléiade. En France, c'est différent. Voltaire est trop moqueur, trop irrévérencieux, trop remonté contre l'Église pour les gens de droite. Quant à la gauche, elle lui reproche d'être déiste, rusé, d'avoir fréquenté les puissants et d'être mort riche. On l'encense

1. Cet entretien entre Frédéric Joignot et Philippe Sollers, initialement publié dans le supplément « Le Monde Culture & Idées » du *Monde* du 11 avril 2015 sous le titre « Philippe Sollers : Il manque, Voltaire, là ! », a été repris dans une version corrigée dans la revue *L'Infini* (n° 132, juillet 2015, p. 11-18), ici reproduite (*N.d.E.*).

aujourd'hui parce qu'il attaque avec virulence le fanatisme et défend la tolérance. Mais si on le loue pour son *Traité*, ça s'arrête là. Tous oublient son ironie, ses sarcasmes, ses combats. Cette manière de faire semblant d'adhérer à la bêtise pour mieux la ridiculiser. L'ironie ! Elle est plus aiguisée que le blasphème…

Vous voulez dire qu'on oublie le Voltaire en lutte, plume à la main, contre les dévots, l'arbitraire, les juges ?

On oublie que Voltaire s'est battu toute sa vie, qu'il devait vivre à Ferney, près de la frontière suisse, pour éviter d'être arrêté ; qu'il s'élevait contre l'Église et le pouvoir royal ; qu'il dénonçait des décisions de justice injustes. On nous présente un Voltaire tolérant, allégé, décaféiné, mettant tout le monde d'accord, alors que c'est un combattant perpétuel, plein de mordant. Roland Barthes le dit bien dans sa préface aux *Romans et contes* : « *Nul mieux que lui n'a donné au combat de la Raison l'allure d'une fête. Tout était spectacle dans ses batailles : le nom de l'adversaire, toujours ridicule, la doctrine combattue, réduite à une proposition (l'ironie voltairienne est toujours la mise en évidence d'une dis*proportion*) ; la multiplication des coups, fusant dans toutes les directions, au point d'en paraître un jeu, ce qui dispense de tout respect et de toute pitié.* » Il faut le rappeler, Voltaire a mené un combat politique, intellectuel, jusqu'à la fin. Il était extraordinairement intolérant avec la bêtise et la tyrannie. Pas de tolérance pour les ennemis de la tolérance, voilà Voltaire !

Voltaire ne pourfend pas seulement l'intolérance, c'est cela ?

La tolérance vendue à l'heure actuelle, c'est la fadeur. C'est l'adhésion à une sorte de neutralité philosophique, sans mener le combat intellectuel contre le fanatisme, en s'attaquant aux textes religieux eux-mêmes, à la Bible, au Coran, à leurs interprétations. Cela devient un concept bourgeois. Cela confine à la soumission. Voltaire est un insoumis. Il est en fureur contre l'intolérance. Il pourfend les dévots, il les raille, les tourne en dérision. Imaginez ce qu'il aurait écrit sur le Coran aujourd'hui, lui qui a écrit *De l'horrible danger de la lecture* (1765), prétendument rédigé par « *un mouphti de l'empire ottoman* » décidé à interdire les livres et l'imprimerie. Voltaire étudie l'adversaire, c'est toute sa force. Il se renseigne. Sa documentation est extraordinaire. Il se serait renseigné sur toute l'histoire de la religion musulmane, j'en suis sûr. Qui sont les sunnites ? Les chiites ? Les alaouites ? Quels sont les points saillants et absurdes des doctrines ? Et qui est cet Ali, gendre du prophète ? Pourquoi s'entretuent-ils ? Pourquoi tout cela est devenu ingérable ? Et je l'imagine bien commentant les vidéos qui vous présentent le soir vos égorgements préférés. Il manque Voltaire, là !

Mais sur l'islam, n'a-t-il pas écrit quelques textes fameux ?

Souvenez-vous, dans *Candide*, Pangloss arrive à Constantinople et entre dans une mosquée. Là, il croise « *un vieil imam* » et « *une jeune dévote, très jolie, qui disait ses patenôtres* ». La jeune femme laisse tomber son bouquet, Pangloss le lui rend « *avec un empressement respectueux* » quand l'imam s'aperçoit qu'il est chrétien. Il est aussitôt condamné « *à cent coups de latte sur la plante des pieds* » et « *envoyé aux galères* ». N'est-ce pas merveilleux ? Très incisif. En quelques lignes tout est dit. Voltaire a un sens aigu de la formule assassine. N'oublions pas non plus sa pièce *Le Fanatisme, ou Mahomet le prophète* (1741) où il n'hésite pas à mettre en scène Mahomet qui déclare : « *Il faut un nouveau culte, il faut de nouveaux fers ; il faut un nouveau dieu pour l'aveugle univers.* » Dans ce texte, il s'en prend aussi, en sous-main, à la religion catholique. Car il se méfie de toutes les religions. Dans son *Traité sur la Tolérance*, il écrit à leur propos : « *Elles ont toutes le même bandeau sur les yeux quand il faut incendier les villes et les bourgs de leurs adversaires.* »

Il analyse aussi très bien le fanatisme...

Il en parle comme d'une maladie de l'esprit, « *qui se gagne comme la petite vérole* », et ajoute : « *Lorsqu'une fois le fanatisme a gangrené un cerveau, la maladie est presque incurable.* » Il décrit les crises de folie causées par la foi : « *Je les ai vus, ces convulsionnaires. Je les ai vus tordre leurs membres et écumer. Ils criaient : il faut du sang !* » Il est tellement désarmé par eux qu'il se demande : « *Que répondre à un homme qui vous dit qu'il aime mieux obéir à Dieu qu'aux hommes, et qui en conséquence est sûr de mériter le ciel en vous égorgeant ?* » Remarquez combien « égorger » pour plaire à Dieu prend aujourd'hui une connotation réaliste. Il ajoute encore, ce qui montre combien il voit juste, que ce sont « *les fripons* » qui conduisent les fanatiques. Nous le voyons bien avec l'État islamique qui rançonne, pille, fait du trafic de drogue et d'antiquités...

Il n'est pas tendre non plus avec les chrétiens et les « dévots »...

Ici encore, il attaque en connaissance de cause. Il étudie avec passion ne serait-ce que la Bible, qui est sa cible constante. Personne n'a lu autant la Bible que Voltaire. Il dégage de ses lectures une critique de fond, il en explique les principes implicites, comme celui d'affirmer : « *Monstre, tu n'as pas ma religion, tu n'as donc point de religion.* » Il développe aussi une réflexion qui annonce la laïcité : « *Ces gens-là sont persuadés que l'Esprit saint qui les pénètre est au-dessus des lois.* » Il rappelle les égarements des chrétiens pendant les croisades, « *qui dépeuplèrent l'Europe* », et les massacres de la Saint-Barthélemy, « *quand les bourgeois de Paris coururent assassiner, égorger, jeter par les fenêtres, mettre en pièces leurs concitoyens qui n'allaient pas à la messe* ». Pourrait-on revivre cela un jour en France ? On peut se le demander. Il a encore cette formule admirable qu'on devrait distribuer partout et pas seulement chez les croyants : « *Ils se sont faits dévots de peur de n'être rien.* » Savez-vous que toute sa vie, pour manifester sa fureur contre « *l'infâme* », Voltaire s'est mis au lit à chaque anniversaire de la Saint-Barthélemy ?

Parlez-nous du Voltaire qui combat l'injustice...

Il signe sous des faux noms, il rétablit la vérité des faits, il envoie des lettres officielles ou clandestines, il prend des risques, parfois il demande à ses amis de brûler ses lettres de crainte qu'elles servent de prétexte « *pour l'envoyer au bûcher* ». Voyez comme il s'engage, en 1766, pour défendre ce malheureux chevalier de La Barre. Âgé de 17 ans, le jeune homme a été torturé, a eu la langue tranchée, puis a été décapité et brûlé parce qu'il n'avait pas enlevé son chapeau devant une procession, chantait des chansons « *impies* » et lisait... le *Dictionnaire philosophique* de Voltaire. Courageusement, Voltaire écrit un récit de l'affaire pour rétablir les faits, il dénonce la disproportion entre le délit et la condamnation, il s'en prend aux juges, au parti des dévots. Mais le chevalier est brûlé. Pour montrer toute l'horreur et l'absurdité de cette exécution, Voltaire écrit dans l'article « Torture » du *Dictionnaire philosophique* cette phrase terrible : « *Ils l'appliquèrent encore à la torture pour savoir combien de chansons il avait chantées, et combien de processions il avait vues passer, le chapeau sur la tête.* »

Voltaire est pourtant déiste – la gauche le lui a assez reproché. N'est-ce pas contradictoire ?

Certes, il s'en prend plus aux fanatiques et aux dévots qu'à Dieu. À la fin du *Traité sur la Tolérance*, il adresse une prière à Dieu : « *Tu ne nous as point donné un cœur pour nous haïr et des mains pour nous égorger.* » Il nous dit encore, avec son ironie singulière : « *Si Dieu n'existait pas, il faudrait l'inventer.* » C'est une hypothèse osée pour l'époque, qui ne se prononce pas sur l'existence de Dieu. C'est l'idée de « *la religion naturelle* » défendue par certains encyclopédistes, où la raison est considérée comme la « *lumière naturelle* ». En même temps, Voltaire répète que la raison a, et aura toujours, très peu de partisans, qu'ils seront toujours persécutés. Il est très pessimiste. Et toujours moqueur. À Ferney, il fait détruire la chapelle jouxtant le château, afin de l'agrandir. Devant les protestations, il la fait reconstruire et fait graver une plaque à l'entrée : « *Deo erexit Voltaire* » (Voltaire érigea pour Dieu). Ici encore, quelle ironie ! Voltaire joue à Dieu pour Dieu. Et puis cet « *erexit* » si drôle. Imaginez la formule écrite sur un billet, comme ils font sur les dollars aux États-Unis…

Que dire du Voltaire, figure des Lumières françaises ?
On avance que tous les Français voulaient, espéraient les Lumières, l'esprit rationnel, la critique du pouvoir royal exorbitant, des abus religieux, de la superstition. Mais ce fut l'activité d'un petit groupe très actif, « *un petit troupeau* » comme Voltaire disait, séparé « *des fripons, des fanatiques et des imbéciles* ». Ce sont les encyclopédistes, les athées, Diderot, d'Alembert, d'Holbach, Helvétius et quelques autres. Il suffirait d'être douze (quelqu'un en effet a déjà fait quelque chose avec treize moins un…). Ce sont des aventuriers intellectuels, poursuivis par le pouvoir, dont les œuvres sont condamnées à être brûlées par le Parlement, qui sont obligés de s'exiler. Un grand philosophe a fait un éloge dithyrambique des Lumières françaises. C'est Hegel. Il entre en 1788 au séminaire de Tübingen, partage sa chambre avec Hölderlin et Schelling, tous trois se passionnent pour la Révolution française, lisent Voltaire et les encyclopédistes, et rejoignent les cercles révolutionnaires. Hegel est

conquis par l'énergie considérable des Français, qui sont capables à la fois de théoriser les Lumières et d'agir en conséquence. En même temps, pour lui, les révolutionnaires français n'arrivent pas à penser leur révolution. Ils ne comprennent pas, comme il le fera plus tard dans la *Phénoménologie de l'esprit*, qu'à ce moment la raison s'incarne dans l'histoire, l'État de droit s'installe. Bon, la Terreur l'inquiète quand même… Un autre grand philosophe allemand admire Voltaire, en qui il voit « *un grand seigneur de l'intelligence* » et « *un des plus grands libérateurs de l'esprit* », c'est Nietzsche, qui lui dédie *Humain, trop humain* (1878).

Qui pourrait être dit « voltairien » ? Charlie Hebdo ?

Quatre millions de personnes dans les rues contre le fanatisme, pour protester contre l'assassinat de caricaturistes, de gens ouverts et gentils comme Cabu, cela rassure. Mais j'ai envie de dire : Voltaire n'est jamais caricatural. L'ironie n'est pas caricaturale. Elle ne blasphème pas. C'est un poison lent, efficace, qui s'occupe des centres nerveux de la maladie qu'est le fanatisme. Comment être « voltairien » ? Il faudrait être à la hauteur de l'ironie et du style de Voltaire. *Charlie Hebdo* perpétue l'anarchisme français. C'est la tradition anticléricale des anarchistes et socialistes utopistes, de Proudhon et des saint-simoniens, un courant très profond en France. Charlie est de ce côté-là. Il faut relire la critique du jeune Marx, *Misère de la philosophie* (1847), sur Proudhon. Il se moque de son côté petit-bourgeois et de sa faiblesse théorique. Nous en sommes un peu là aujourd'hui. On fait de la caricature, mais on ne fait plus de grande philosophie. Montrez-moi les penseurs français qui décryptent ce temps. On voit beaucoup de philosophes apeurés, des philosophes pour croisière, mais quels sont ceux qui pensent l'époque ? On s'étonne que le Front national et le fanatisme progressent. Mais que leur oppose-t-on ? Des caricatures. Est-ce que le fascisme français, le pétainisme, le nationalisme français ont été analysés à fond ? Non. Est-ce que le politiquement correct et l'antipolitiquement correct ont été analysés à fond ? Non.

Et que dire de cette culpabilité française, de ce déclinisme ?

Voltaire en rirait ! Ce sont les Français qui ressentent ça. Ce ne sont pas les Allemands, qui se portent bien, les Italiens, qui s'en foutent, ni même les Espagnols. La mondialisation les frappe, et les Français ont peur. Ils craignent de n'être plus une grande nation, le pays de la grande révolution... et de Voltaire. Ils se disent que Voltaire et les Lumières, l'esprit français, la République ont échoué, si le fanatisme revient, les religions progressent. Prenez ces jeunes attirés par le fondamentalisme. Le social, la pauvreté, l'ostracisme n'expliquent pas toutes ces vocations. Beaucoup de ces jeunes exaltés ont fait des études, ils sont séduits par les textes, ils veulent croire. Les Français montrent beaucoup de désinvolture sur ces questions, ils croyaient avoir dépassé tout ça, en avoir fini avec l'intolérance. Depuis les attentats, ils comprennent que non. Cela les traumatise. Quatre millions de personnes ne descendent pas dans la rue par hasard. Et s'ils se mettent à relire Voltaire, tant mieux, mais je crois que c'est plus grave…

Plus grave ?

Qui prend encore le temps de lire ? Comment résister autrement à la mondialisation et aux idées dévotes et fanatiques ? Comment conserver notre force intérieure, tous les combats menés par Voltaire, les Lumières, tant d'autres, sans lire ? Pourquoi les Français ont-ils si peur et se replient-ils sur eux-mêmes ? Ils n'entraînent plus le muscle de l'esprit. Ils ne lisent plus. Ils ne réfléchissent plus. J'ai des amis qui me disent : *« Je vais en Chine, j'emporte ma tablette, je vais lire Voltaire dans l'avion. »* Mais dans l'avion, ils ont regardé le film et relu leurs mails. Étonnez-vous après qu'il y ait du fanatisme dans l'air. L'ignorance croissante, l'éradication de l'histoire à l'école, l'illettrisme galopant, la misère de la philosophie, il faudrait remédier à tout cela. On parle du service civique, de réapprendre à lire, il serait temps ! Pire, même les gens qui lisent un peu, qui ont lu ou qui savaient lire, oublient ce qu'ils ont lu. Et la plupart de ceux qui lisent encore ne lisent que des yeux, alors qu'il faudrait, vous savez, lire chaque matin un extrait de la correspondance de Voltaire, un crayon à la main !

PHILIPPE SOLLERS
Le Monde
Entretien avec Frédéric Joignot

Composition Nord Compo
Impression Novoprint
à Barcelone, le 30 novembre 2015
Dépôt légal : novembre 2015

ISBN 978-2-07-046833-1./Imprimé en Espagne.